子育ての予習は
子どもをよく見ることから

予習をすれば、イタズラも素敵に
見えてきます♥

集中しているときに
本当の力が育ちます!

赤ちゃんが不思議と
泣き止むトッポンチーノ

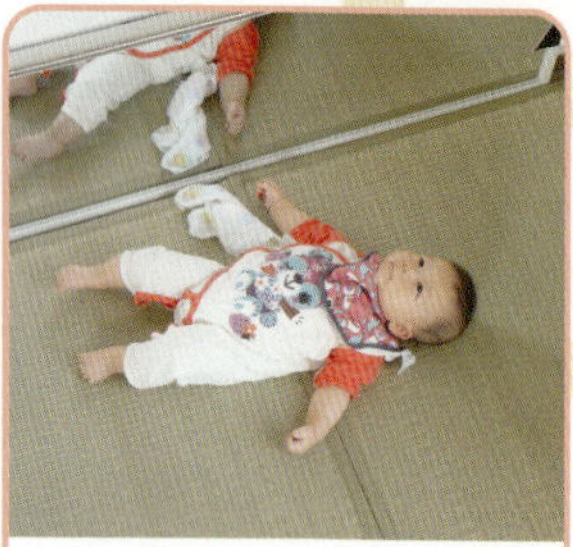

赤ちゃんもモビールに焦点を
合わせる練習中です

はりで縫いさしも
大人気

ひねったり、
押したり、大好き

数の敏感期に入った子どもたち

量と数字をしっかり一致させます

大きな数も大好きです！

「お仕事」に使う教具！工夫をすれば手作りもOK！

ビンのフタをあける

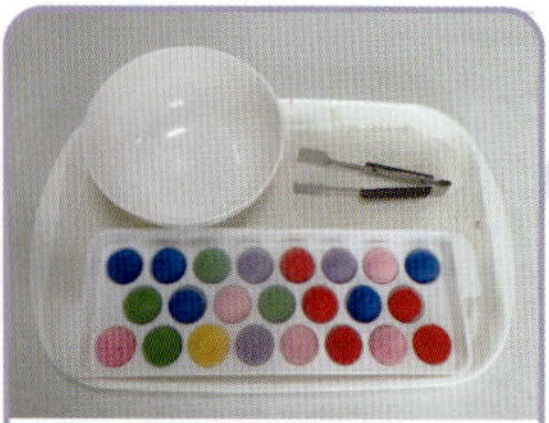
トングでつまむ

コマ回しもお仕事です

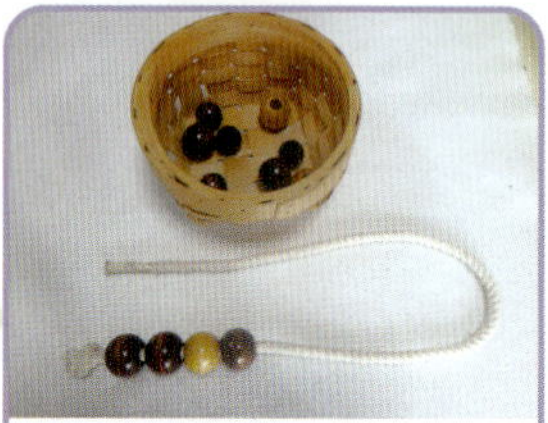
ヒモを通す

だんだん高くなる

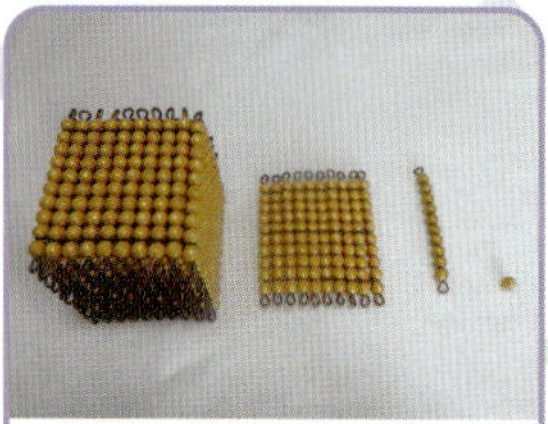
数を体験する

子どもの敏感期

胎内

運動

生活に必要な運動能力を自分のものとする

言語

母国語をどんどん吸収します

秩序

順番、場所、習慣などに強くこだわります

ちいさいもの

ちいさいものをしっかり見たい

感覚

五感が洗練されます

書くこと

なんでも書きたい、読むことより早くやってきます

読むこと

読むのが楽しくてしょうがない

数

なんでも数えたい、少し遅めにやってきます

文化・礼儀

自分が生まれた地域に馴染み、文化を吸収する

知っておきたい成長のサイクル

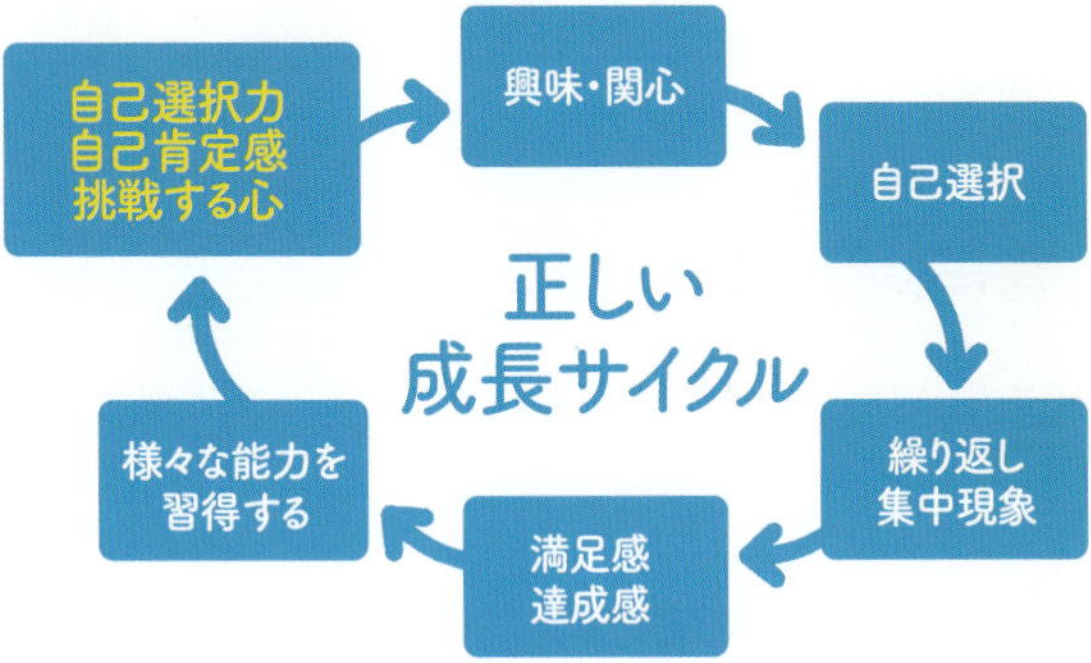
自己選択力
自己肯定感
挑戦する心
興味・関心
自己選択
正しい
成長サイクル
繰り返し
集中現象
満足感
達成感
様々な能力を
習得する

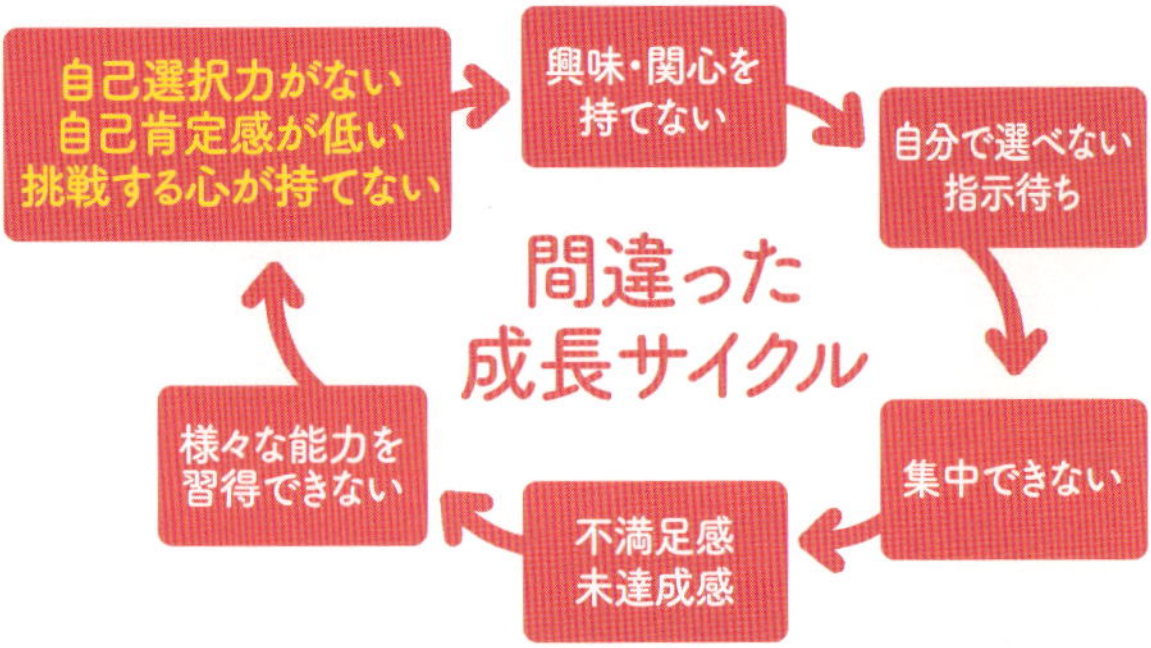
自己選択力がない
自己肯定感が低い
挑戦する心が持てない
興味・関心を
持てない
自分で選べない
指示待ち
間違った
成長サイクル
集中できない
不満足感
未達成感
様々な能力を
習得できない

知的生きかた文庫

モンテッソーリ教育で
子どもの本当の力を引き出す!

藤崎達宏

三笠書房

はじめに――「子育ての予習」で親はゆったり、子どもはのびのび

皆様にお聞きします。

「赤ちゃんが生まれる前には、こんな準備をしておきましょう」「インテリアもこんな感じに変えておきましょうね！」「子どもは何歳何カ月でこのような成長を遂げるんですよ！　ですからこのような点に注目してくださいね！」。

学生時代にそのような授業を受けられた方はいらっしゃるでしょうか？

誰もいらっしゃらないと思います。

でも、考えてもみてください。数百年前から、人間の子どもの成長はほとんど変わっていません。

ということは、何歳何カ月でわが子はこんなことに興味を示し、こんな行動をして、こんな成長を遂げるということが事前にわかっているのです。

試験でいえば「ここはテストに出ますよ～！」と先生が言っているようなものなのです。であれば、それを**「予習」**しない手はありませんよね。

そして、この子育ての予習にピッタリなのが「モンテッソーリ教育」なのです。

ご注意いただきたいのは、**予習というと、先回りして幼いうちに知識を詰めこむ「早期教育」のイメージを持ってしまうことです。それが実は逆なのです。親が子どもの成長を「予習」することで、子どもの成長している姿がよく見え、楽しみながらじっくりと、充実した子育てをすることができるのです。いうなれば、その子に適したタイミングで、その子に合った教育をする「適時教育」なのです。**

本編でもご紹介しますが、モンテッソーリ教育は一般の方たちだけでなく、多くの著名人も受けてきた教育です。藤井聡太（そうた）棋士の活躍が記憶に新しいところではありますが、その他にも23ページでご紹介するように、マイクロソフト創業者のビル・ゲイツ、アマゾン創業者であるジェフ・ベゾスやフェイスブック創業者のマーク・ザッカーバーグなど、そしてイギリス王室でも採用されている教育方法なのです。

初めての子育ては、誰でもわからないことばかりです。

「うちの子は本当に落ち着きがなくていつも動き回っています。静かだなと思うと、さわってはいけないものを引っぱり出して、いたずらばかり……。私はもう叱り疲れてしまいました」。

ご両親からこんな相談をよく受けます。

でも、それって本当にいたずらなのでしょうか？

つい叱ってしまいそうになるかもしれませんが、ちょっとガマン！　お子さんの表情や目の動きに注目してみてください。きっと、ものすごく集中してそのことに取り組んでいるはずです。

モンテッソーリ教育で子どもの成長について予習をしたご両親であれば「これが、例の敏感期なのか！」と、ピーンとくるはずです。

「敏感期」については後ほど詳しく述べますが、子どもが一つのことに集中し、様々な能力を飛躍的に伸ばす特別な時期のことであり、モンテッソーリ教育の柱となっています。

そして、この「敏感期」を予習することで、子どもが集中しているその瞬間にわが子の「本当の力」が育っているということがわかってきます。そうすると、じっくり見守ることができるようになるのです。

「予習」をしないで、単なるいたずらだと思いこみ、叱り、活動を中止させてしまうご両親に対して、きちんと「予習」をして子育ての知識を得て、見守り、わが子の本当の力を引き出すご両親……この差は、計り知れないものがあります。

「それは、あなたは4人の子どもを育てたベテランだからでしょ！」と、言われるかもしれません。

「とんでもございません！」。

実は私ども夫婦は再婚同士！　上の3人の子どもたちと私とは血がつながっていません。ほどなく私たち夫婦の子も生まれ、一度に4人の父親となりパニック状態でした。

何とか頑張らねばと、100冊以上の育児書を読みあさり、実践しましたが、まったくの空回り！　父親としてしっかりしきゃ！　教えなきゃ！　どうしたら、父親として認めてもらえるのか？　と力むばかり。

今でいうパタニティ・ブルー（パパの産後うつ）に陥りました！

そんなときに、妻の本棚にあったモンテッソーリ教育の文庫、相良敦子先生の『お母さんの「敏感期」』（文春文庫）をふと手にしました。そこに書いてあったのは、「子どもには自ら育つ力があるのだから、親は環境を整え援助するだけでいいのです！」。

血がつながらない父親の私でも「環境を整え、援助する」くらいならできるのではないか？　まさに　目からウロコ。以来、肩の力を抜いた、ゆったり子育てが始まりました。

今、子育て奮闘中のご両親にも、私のように「予習」をすることで、充実した子育てをしていただきたいと思い、横浜のサロンの運営をする他、全国で講演もさせていただいています。

この本は、モンテッソーリ教育を知らない方であってもそのアウトラインをしっかりとつかみ、特別な場所に通わずとも、今日から自宅ですぐに役に立つ予習ポイントが身につくようにまとめてあります。

「子育ての予習をすることで、親はゆったり、子どもはのびのび」。

本書が子育てに悩むすべての方のお役に立つことを願っています。

さあ、始めましょう！

藤崎達宏

目次

1章 モンテッソーリ教育 超入門
～ポイントをおさえて子どもの本当の力をぐんと伸ばす！

2章　子どもの発達の四段階

～「子どもは変容する」　これが予習の第一歩

3章

モンテッソーリ教育の柱、「敏感期」

～わが子の本当の力を引き出すキーワード

4章

子どもは「正しい成長のサイクル」でグングン伸びる！

〜強さとしなやかさ、人生を生きる力を身につけるために

5章 子どもが成人するまでの親の予習
～人間はいくつになっても成長し続ける！

編集協力　吉度ちはる
本文イラスト　ももろ

1章

モンテッソーリ教育 超入門

～ポイントをおさえて子どもの本当の力をぐんと伸ばす！

1 モンテッソーリ教育って？

それでは、最初の予習は「モンテッソーリ教育」についてです。「超入門」としてまずは、**「いつ、誰が、どこで、何をおこなった？」**のか、モンテッソーリ教育の概要をしっかりつかみましょう。

❇いつ頃できた教育ですか？

モンテッソーリ教育の創始者であるマリア・モンテッソーリは１８７０年イタリア生まれ。次項で説明しますが、１９０７年にモンテッソーリ教育のスタートとして

「子どもの家」が誕生しました。ずいぶん古い教育法なんだなあと思われるかもしれません。

そんなに昔の教育法なのに、なぜ、今でも世界中の多くの人々から支持されているのでしょうか？　その秘密をじっくりとひもといてまいりましょう。

❄ マリア・モンテッソーリってどんな人だったんですか？

マリア・モンテッソーリはイタリア初の女性医師でした。

この医師であるというところが、他の教育法との最大の違いなのです。多くの教育法が様々な子育ての経験の積み重ねから生まれてきていることが多いのに対して、モンテッソーリ教育は、医学、生物学、心理学といった幅広い学問の土台の上に成り立っていることが特徴です。

また、彼女の人柄についても少しふれておきましょう。当時イタリアでは医師は男性の仕事という考えが一般的でしたので、女性であるモンテッソーリが医師になるのには大変な困難が待ち受けていました。

医学部入学ですらすんなりとはいかず、別の学部に入学した後、医学部へ転学したのです。

しかし、転学したものの医学部に女性は一人だけ。数々の差別にもあいましたが、医師になるという人一倍強い意志を持っていた彼女は、大学を首席で卒業することで実力を証明し、一連の奨学金を獲得しました。

「あの頃は、何も恐いものはなく、自分は何でもできるような気がしていました」、こんな言葉も残しています。

また、その容姿は美しく、当時の知識階級の婦人たちが男性的な装いを好んでしていたのに対して、モンテッソーリは、エレガントな装いを好み、その品のあるたたずまいは子どもたちの憧れであったともいわれています。

2 「子どもの家」って何ですか？

モンテッソーリの一番の功績は、１９０７年にイタリアのサン・ロレンツォというスラム街に「子どもの家」を設立したことです。

それまでのイタリア社会では、「子どもは何もできない存在なのだから、親や教師の言うことを聞いていればいいんだ！」というのが定説でした。

たとえば、家具一つとってみても、すべてが大人サイズ！　もし子どもが自分で椅子に座ろうとしても、自分ではできないので、大人に抱かれて、椅子の上に乗せてもらうしかなかったのです。

それに対してモンテッソーリは真っ向から違う意見を主張しました。

「子どもはすべてのことができるように生まれてくるのです。できないとすれば、物理的に不可能な環境にあるか、どうすればいいのか、やり方がわからないだけなのです」。

そして、それを証明するために「子どもの家」を設立したのです。「子どもの家」では**すべてが子どもサイズ**。椅子、机はもとより、戸棚、トイレなどの水回りにいたるまで、とにかくすべてのものが子どもが自分でできるように作られていました。まさに「子どもが主人公」になれる環境といえるでしょう。

その新しい環境に置かれた子どもたちが、**「本当の力」**を発揮し、活き活きと自ら活動を始めるその姿は、当時の人々に衝撃を与え、世界中から見学者が絶えなかったそうです。

このように、モンテッソーリ教育は、

子どもが自分の力で自分を育てる「自己教育力」を信じ、援助することにより、「自立」と「自律」をうながす教育なのです。

3 どんな人がこの教育を受けたのですか？

そんなモンテッソーリ教育を受けた人にはどのような人がいるのでしょう？

グーグル創業者のラリー・ペイジ、サーゲイ・ブリン
アマゾン創業者のジェフ・ベゾス
ウィキペディア創設者のジミー・ウェールズ
マイクロソフト創業者のビル・ゲイツ
フェイスブック創業者のマーク・ザッカーバーグ
マネジメントの父ピーター・ドラッカー
政界では、バラク・オバマ、ヒラリー・クリントン

王室では、イギリス王室のウィリアム王子、ヘンリー王子、ウィリアム王子の長男ジョージ王子

などなど、そうそうたるメンバーですよね。

『ウォール・ストリート・ジャーナル』では、「現在のアメリカで創造的事業の成功者の共通点はモンテッソーリ教育にある」として「モンテッソーリマフィア」などと称したほどです。

さて、日本ではどうでしょうか？

将棋の連勝記録で注目された藤井聡太棋士が、幼少時代に受けていた教育法として注目をあびました。藤井棋士が、あれほどの記録をなし得た本当の理由はどこにあるのか？　それは、後ほどゆっくりお話いたします（１８４ページ参照）。

4 モンテッソーリ教育は、どこで受けられるんですか？

さて、「そのような偉人が育つモンテッソーリ教育をわが子にも受けさせたいのですが、どこで受けられるんですか？」という質問をよく受けます。

モンテッソーリ教育を受けるのに一番理想的なのは「モンテッソーリ子どもの家」です。その他にはモンテッソーリ教育を取り入れた「幼稚園・保育園」となります。インターネットでご自宅から通える園を探し、体験を申しこんでみるのもおすすめです。きっと、わが子の違った姿を発見することができることでしょう。

しかし、残念ながらその数は少なく、多めに見積もっても1000あるかないか。日本の幼児施設の2・5％に満たないのです。**残りの97・5％の子どもたちはどうす**

ればよいのでしょうか？

私はそのようなご家庭でもモンテッソーリ教育を学び、実践してもらいたいと願っています。そのために「おうちでできるモンテッソーリ」を目指し、サロンという形態で運営をしています。

一般の幼稚園に通いながら、幼稚園が終わった後に、または、一般の保育園に行きながら毎週末に1回だけでも、という形で子どもたちが通ってきています。

毎日ではありませんので、不十分な面もありますが、**ご両親に子育ての予習をしていただく**ことで、家庭の環境を整え、一定の効果を上げています。

5 教具とモンテッソーリ教育について

モンテッソーリ教育といえば、カラフルな「教具」を思い浮かべる方が多いかもしれません。

元々はイタールとセガンの２人が知的障害者の教育のために作った道具を、モンテッソーリが健常者にも活用したのが「教具」の始まりです。

初めて見た方は「おもちゃ」にしか見えないと思いますが、おもちゃと教具には明確な違いがあります。１５８ページ以降で詳しく説明しますが、「おもちゃ」は自由気ままに扱えて、様々な使用目的を持っています。それに対して、「教具」は、子どもの成長ごとに分けられ、目的を一つに絞って作られている点において、おもちゃとは一線を画する存在なのです。

どうしたら、子どもが自分から手に取り、楽しく繰り返し、成長を実感できるような「教具」が作れるか、モンテッソーリは四六時中考えていたそうです。

たとえば、まだ鉛筆を持てない子どもが、字を書いてみたいと思ったときに、正しい書き順などを自分で練習できないものか？　と悩んでいました。

そんなときに、モンテッソーリは女の子が地面のザラザラを何回もなでているのを見ました。ピンときたモンテッソーリは家に帰ると、サンドペーパーを取り出し、文字の形にハサミで切り、板に貼りました。

翌日、その子にその板の使い方を見せると、字の書き順に合わせて、ウットリとした表情で、何回も指でなぞったのです。こうして「砂文字板」という教具が誕生したのです。

子どもの成長を援助するために、このように子どもを観察し、試行錯誤の末にモンテッソーリ教具は今日の形になりました。

ですので、本物の教具には、機能的で、そのもの自体に魅力があります。ただ金額も高くなりますので、一般家庭で取り入れるのは難しいと思います。

しかし、教具はその条件さえ理解していれば、ご家庭で作ることもできます。本書で子どもの成長を予習することで、子どもを観察する目を育て、オリジナルの教具を作ってみるのも楽しいですよ。

私のサロンでは、100円均一で買える材料で作った教具も多数あり、ご家庭でも作れるショールームのような役割を持たせています。

教具の条件をいくつか見てみましょう。

①子どもサイズであること。
②美しく魅力的で、興味をひくこと。
③単純で目的がよくわかること。
④難しいポイントは一つだけに絞られている。
⑤次の成長のステップにつながっている。
⑥子ども自身が自分で間違ったことに気づけるようになっている。

次ページに私どものサロンで使っている教具をご紹介します。ぜひ、チャレンジしてみてください。

教具には目的がある

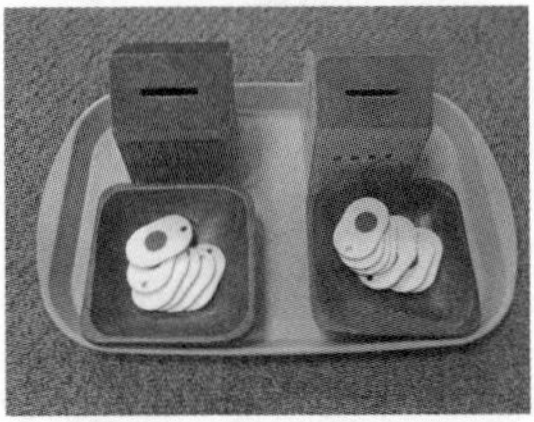

▲チップを落とす！

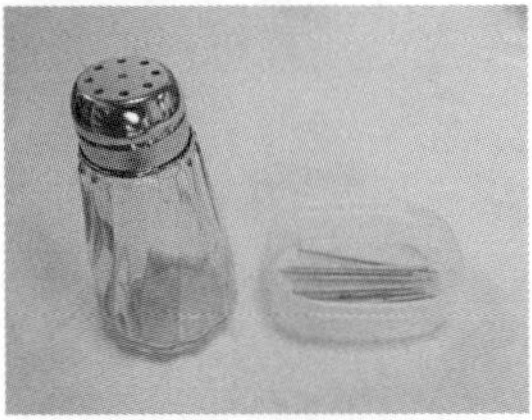

▲ようじを刺す！

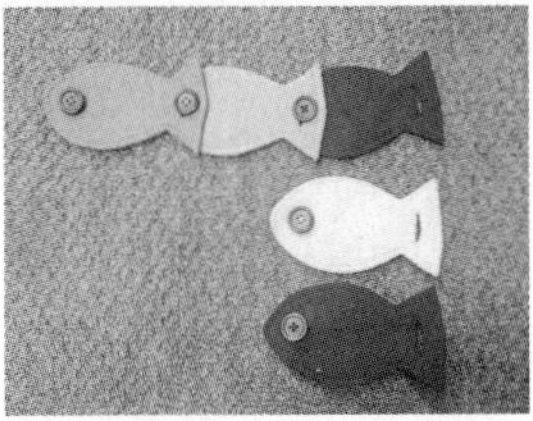

▲ボタンをとめる！

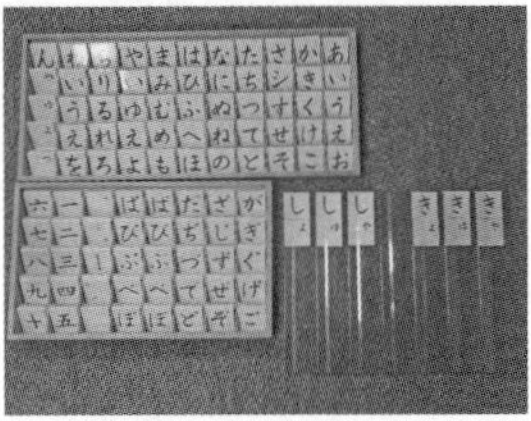

▲ひらがなを選ぶ！

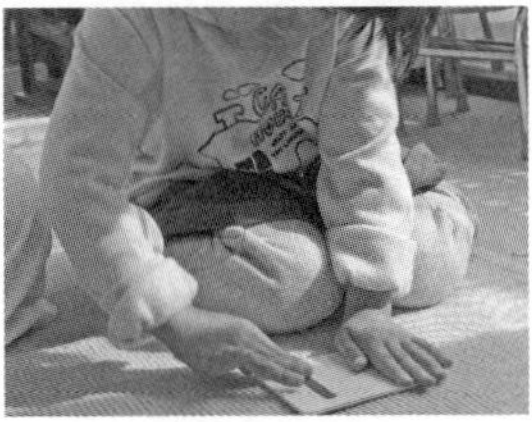

▲数字をなぞる！

▲数を数える！

2章

子どもの発達の四段階

〜「子どもは変容する」　これが予習の第一歩

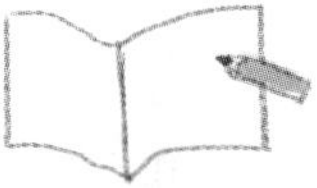

1 知っておきたい！「子どもの発達の四段階」

「子育て」という長い船旅に出ようとする皆様に、まず予習していただきたいことは、子どもの成長のアウトラインをつかむことです。その予習に最適なのが、モンテッソーリが考え出した**「子どもの発達の四段階」**です。

とかく、大人は、「子どもというものは大人の小さい版なのだから、年齢を経るごとに、体の成長に比例して、心の中身もなだらかに成長していくものだ」と考えがちです。しかし、マリア・モンテッソーリはこう言っています。

「**子どもは年齢ごとに大きく変容しているの**です。それは、あたかも、蝶が卵で生まれ、青虫になり、さなぎになり、そしてあの美しい蝶に羽化していくごとくです」と。

にわかには信じられませんが、このことを予習してから子育てを始めると、とても楽になります。それでは、年代別にお話していきましょう。

巻頭のカラー⑤の図をご覧ください。モンテッソーリは、大人になる0歳から24歳までの24年間を6年ごとの4つの期間に分けて、「発達の四段階」としました。0～6歳の小学校に上がるまでを「乳幼児期」、6～12歳の小学校時代を「児童期」、12～18歳の中学・高校時代を「思春期」、18～24歳の大学時代を「青年期」と分けています。

注目すべきはその期間の色です。オレンジ・青・オレンジ・青と交互になっています。オレンジの時期は、変化がとても激しく親は要注意！　青い時期は成長が安定しているので、親は少し力を抜いても大丈夫なのです。ですから、このオレンジの難所をどう乗り切るかが、子育てという航海のポイントになるのです。

❇ 0〜6歳の乳幼児期

いわゆる小学校に行く前は、日本でも世界でも、子どもは何もできないのだから「親や先生の言う通りにしていればいいんだ！」とか「お勉強は小学校に入ってから。それまでは外で元気に遊んでいればいいんだ！」などという考えが主流でした。

ところが、モンテッソーリはまったく違う考えを示しました。**「0〜6歳の間は、その後の長い人生を生きていくのに必要な、80%の能力が備わる、最も大切な時期である」**というのです。そのため、「発達の四段階」の中でも、変化が激しく大切な時期として、オレンジ色になっているのです。

この乳幼児期については、本書の中で解説してまいります。

❇6〜12歳の児童期

第二段階の児童期。すなわち小学校の時期です。この時期は青色ですから、子どもの成長はなだらかで安定しています。なので、親も少し気を抜ける時期かもしれません。そして、この時期は「**莫大な記憶が可能な時期であり、かつ、この時期に覚えたことは半永久的に忘れない**」という素敵な時期なのです。より多くのことを経験させるといいでしょう。

❇12〜18歳の思春期

またオレンジ色になってしまいましたね。心体ともに変化の激しい時期です。体の成長の目覚ましさとは裏腹に、その心は「脱皮したてのカニ」と称されるほど、危うい状態にあります。精神は自分自身を見つめ直す方向に向き、他人から自分がどう見られているのかとても気になる。まわりから浮くことをとても恐れるようにもなります。

そして、理想の自分と、現実の自分とのギャップにさいなまれ、そのエネルギーから非行に走ったり、家庭内暴力、引きこもり、いじめなどの危険なシグナルを発することになります。青少年を取り巻く悲しい事件に、中学2、3年生の子たちが絡んでいることが多いのはこのためなのです。

私も4人の子育てを通して、本当にこの時期は苦労しました。そんな時期に親が必ず思うことは、

「あんなにいい子だったのに……」

です。親は小さい頃の延長線上でわが子を見ていますので、中身が変容していることに気づかないのです。

「何でうちの子だけ？」

このように思う方も多いでしょう。しかし、子どもは多かれ少なかれ必ず思春期を通って大人になるのです。みんな、そうなのです。

「いったい、いつまで続くのだろう」

子どもの行動が理解できず、苦しむ親御さんが多くなります。この本の中では、何回も「○○期」という言葉が出てきます。この**「期」というものには必ず始まりがあり、そして終わりがある**ということをまず覚えておいてください。

❄18～24歳の青年期

この時期に入ると、どうでしょう？　また青色に戻りました。思春期に立ちこめていた暗雲が嘘のように消え、心が晴れ渡ります。意識は外に向き、自分の将来や職業について、社会に対して自分はどのように貢献できるのか考え、大人へと羽ばたいていきます。

青年期が蝶に羽化する時期だとすれば、思春期はさなぎの時期なのかもしれません。そっと見守る必要があるのです。

皆様のお子さんはまだ小さいかもしれませんが、こうした変容を経て大人になっていくのだということを、「予習」しておいてほしいのです。

3章

モンテッソーリ教育の柱、「敏感期」

～わが子の本当の力を引き出すキーワード

1 子どもの今がわかる「敏感期」

冒頭でもお話ししましたが、モンテッソーリ教育で子育ての予習をしていく上で重要なキーワードに「敏感期」があります。

「敏感期」とは、**子どもが、何かに強く興味を持ち、集中して同じことを繰り返す、ある限定された時期**のことを指します。

実は、「敏感期」はモンテッソーリが見つけた現象ではありません。

オランダの生物学者デ・フリースが、人間以外の生物において発見しました。その概念を人間に応用してみてはどうかと提言し、それをモンテッソーリが実際に人間に応用して確立したのです。

青虫は卵から生まれたばかりのときはアゴが発達していないので、柔らかい葉しか食べられません。しかし、光に〝敏感〟で、光があるほうに向かって進む本能があるので、太陽光の強い木の上を目指してのぼって行きます。

すると、そこには青虫が食べられるような、柔らかい葉がたくさんあるのです。その柔らかい葉を食べて大きくなり、硬い葉も食べられるようになったときには、光に対する敏感さはなくなってしまいます。

この例からもわかるように、生物には生きていくために必要な能力を獲得するために、あるものに特別〝敏感〟になる期間があります。そして、これは人間の乳幼児期にもあり、これをモンテッソーリは「敏感期」と名づけたのです。

たとえば、子どもが静かだな～？　と思って見てみると、箱からひたすらティッシュペーパーを引っぱり出している。

この行動、実は世界中のこの年代の子ども、誰もがするものなのですよ。不思議ですよね？

これを見つけたママは「静かだと思ったらこんないたずらして〜！」と、言いながらティッシュの箱を取り上げて、手の届かない棚の上にあげてしまう。そして子どもは地団太(じだんだ)を踏んで泣きわめく。これも世界中で繰り広げられている光景なのです。

実は、1歳から3歳の子どもは、手根骨(しゅこんこつ)の発達にともない手の骨格ができ上がり、3本の指がうまく使えるようになります。このできたての手を使ってみたい、うまく使えるように練習したいという強烈な衝動にかられる**「運動の敏感期」**にあるのです。目と手が一緒に動くことを通して、脳細胞が急激に活性化し、シナプス（神経細胞へ信号を伝える接合部）が急増している、とても大切な瞬間なのですね。

単なるいたずらとしてティッシュの箱を取り上げてしまうのと、この行動の背景と重要性を理解して心ゆくまで引っぱり出させてあげるのとでは百八十度結果が違ってきてしまうのです。

前述のティッシュを引っぱり出しているのもそうですが、問題は、特に運動の敏感期にある子どもが取る行動が、親から見ると**「いたずらに見えてしまう」**ことにあります。

他にもおんぶしていた子がおとなしいなと思って見てみると、エレベーターのボタンを全部押していた！　オーディオの音量調整のつまみをひねってしまって大爆音！　親はついつい叱ってしまいますよね。

しかし、運動の敏感期にあるこの時期の子どもたちは、ボタンというボタンはみんな押したい、つまみというつまみは全部ひねりたいという強い衝動にかられているのです。

「今あなたは指で押すことを覚えなさい」「今あなたは指でひねることを覚えなさい」という、その子にしかわからない**「神様からの宿題」**をこなしている最中なのです。

また、世界で一番難しい言語ともいわれる日本語を、私たちが苦労せずにマスターできたのも、「敏感期」の一つ、0～6歳に見られる、**言葉を話したくてしょうがない**という「言語の敏感期」を経てきたからです。

一方、中学生から始めた英語が、あんなに一生懸命やったのにもかかわらず、残念な結果に終わってしまう方が多いのは、言語の敏感期が終わってしまってからのスタートだったからなのです。

わが子の本当の力を引き出せるかどうかは、親が子どもの成長を予習して、ある「敏感期」がくると、そうした行動を取る、ということを**知っている**かどうかにかかっているのです。

子どもによって若干の差はありますが、何歳何カ月でわが子が、どのような敏感期に突入し、どのような行動を取るのか、そして、そのときにどんな環境を用意すればいいのか、それをあらかじめ教えてくれるのがモンテッソーリ教育なのです。

モンテッソーリ教育が子育ての予習にピッタリだという理由がおわかりいただけたと思います。

では、この「敏感期」を見逃さないために予習しておいていただきたい3つのサインをご紹介します。

❇︎敏感期のサイン①静けさ

それにしても、なぜ子どもはいたずらをしているときに限って、静かなのでしょうか？　それは、そのことに〝集中しているから〟なのです。

子どもは、今の自分の成長に合っている「神様からの宿題」に出合うと、その活動（モンテッソーリ教育では「お仕事」といいます）に集中します。

モンテッソーリ園（モンテッソーリ教育を採用している幼稚園や保育園）に見学に来た方々が一番びっくりすることは、その静けさです。遊びたいさかりの子どもが数十人集まっているのに、大きな声で話す子どもがまったくいない。水を打ったような静けさの中で、それぞれ違うお仕事に没頭している姿に圧倒されます。決して、先生に叱られるから静かにしている、わけではないのです。

お子さんが集中して、静かに活動していたら、それが敏感期のサインだと思ってください。

❇ 敏感期のサイン②繰り返し

二つめの敏感期のサインは「繰り返し」です。子どもは自分の成長に合ったお仕事に出合うと、必ず何回も繰り返します。

たとえば、一生懸命取り組み、組み上がったパズルを、また、ひっくり返して始めから……。よく見る光景ですよね。大人からすればせっかくでき上がったのに、なぜまた壊しちゃうの？　と感じると思います。

大人にとってパズルは最後まででき上がったという充実感を味わうものです。しかし、子どもにとってはそのプロセスの中で、自分の手が正確に動く、ピースをピッタリはめられた、といった自分の成長を感じることが喜びなのです。

ですから、でき上がった喜びよりも、その成長を確認し、もっと正確にできるように、また同じことを繰り返すのです。

将棋の藤井棋士が、モンテッソーリ園で「ハートバッグ」という、紙を交互に組み合わせてバッグを作るお仕事にはまり、来る日も来る日も繰り返し作り続け、その数が100個を超えたというのは、有名な話です。

わが子が、一つの活動を繰り返し始めたら、敏感期に突入し、子どもの持つ本当の力が伸びている瞬間だと気づいてあげてください。

❇敏感期のサイン③喜び

なぜ、子どもはソファーの上で飛び跳ねたり、塀の上でバランスをとりながら歩いたりするのが、あんなに嬉しそうなんでしょうか？　もちろん大人はそんなことはしません。

それは、その子が運動の敏感期にあり、「今、あなたは、バランスをとる能力を高めなさい！」という「神様からの宿題」をしているときだからです。

そして、それがうまくできると、脳の中枢神経に「ドーパミン」が流れ、子どもはえもいわれぬ喜びを感じるのです。そして、その快感から、もっと上手にできるようになるために同じことを繰り返すのです。

ここで、思い出してください。

「期」というものには、始まりと終わりがあるということを！　敏感期も「期」なので終わりがあります。

敏感期を過ぎると、このドーパミンが出なくなるのです。ですから、私たち大人は、ソファーの上でビョンビョン飛び跳ねないのです。

要は、ドーパミンが出ることでやっていることが楽しくて楽しくてしようがない期間に、**この先の人生を生き抜いていくのに必要な、様々な能力を獲得する必要がある**のです。

❇敏感期の極み、「集中現象」とは？

子どもは本当に自分の成長に必要なお仕事に出合ったときに**「集中現象」**という姿を見せます。

巻頭①の写真（下）の女の子をご覧ください。この子がしているお仕事は、ピンセットで黒豆をつまみ、隣のお皿にうつすという単純作業です。彼女はこの作業を44分間、繰り返しおこなっていました。

ひと言もしゃべらず、まわりがお弁当の時間になったことにも気づかずに、一心不乱にお仕事に向かっていました。そして、やり終えたときに見せた、さわやかな笑顔を、私は今でも忘れません。モンテッソーリはこれを**「心の底が見えるような笑顔」**と称しています。

アマゾンの創業者である、ジェフ・ベゾスはモンテッソーリ園で育った時代に、あまりにすごい集中力のために、まわりで起きていることにまるで気づかず、場所を移動するのにも、椅子ごと持ち上げて動かさなくてはならなかった！　といいます。この時期の「集中現象」が、彼の本当の力を伸ばしたのですね。

巻頭⑥⑦の図のように様々な敏感期が現われては消えていくのですが、そのほとんどが、**「発達の四段階」の第一段階、0〜6歳の乳幼児期に集中している**のです。

この敏感期をそれぞれ充実して過ごすことで、その先の人生に必要な80％の能力を獲得していくのです。

それでは、次項から、この様々な敏感期をキーワードにして、0〜6歳を予習していきましょう。

さまざまな敏感期

運動の敏感期
秩序の敏感期
言語の敏感期
同じ、比べたい敏感期
3
数の敏感期
ちいさいものへの敏感期

2 乳幼児期は前期と後期で大きく変わる

今一度、巻頭⑤の図「発達の四段階」を見てください。第一段階である、乳幼児期に注目してみましょう。何かお気づきになりましたか？　そうです、真ん中に線が引いてありますよね。

「神様は0～3歳、3～6歳の子どもの間に、赤い線を引いたがごとくお分けになった」とモンテッソーリは言っています。

3歳を境に子どもの成長が大きく変わる。このことを知らずに子育てしているご両親がほとんどです。しかし、あらかじめ予習しておくことで子育てにゆとりが生まれ、何といっても子どもの行動を見ることがとても楽しくなり、子育て中のイライラも解消されるはずです。

❋第一の変化は「記憶のメカニズム」

0〜3歳と、3〜6歳の子どもでは、まず記憶の仕方に大きな違いがあるのです。

0〜3歳の間は**「無意識的記憶」**といって、覚える努力や意思の力なしにすべてを素早くとらえ、永久的なものとして記憶する力を持っています。

そして、3歳を過ぎる頃から徐々に私たち大人と同じような**「意識的記憶」**に移行していくのです。

たとえば今、人が大勢いる公園のベンチに座っているとして、「これから10分時間をさしあげますので、この公園にいる人の姿をすべて記憶してください」と言われたとしましょう。

すると私たちは大変です。「あの人は赤い服を着ている。こっちの人は珍しいメガネをかけている」などと一つひとつ**意識的に記憶**するわけです。

0〜3歳の子どもの記憶の仕方はそれとはまったく違います。まるで公園全体を写真に撮って画像保存したかのように全体を瞬時に記憶していくのです。この期間限定の素晴らしい力を、**「無意識的記憶」**といいます。

よく大人が幼い子どもとトランプで神経衰弱をしてぼろ負けすることがありますが、彼らはまだ無意識的記憶を活用しているからなのです。

私たちは意識的に前にめくったカードの位置を覚えておかなければなりませんが、彼らはまるでカメラで撮ったかのように記憶しています。よって、いとも簡単にカードをそろえてとっていくのです。

意識的と無意識的というと、無意識的のほうが劣るように思うかもしれませんが、この無意識的記憶があればこそ、私たちは今生活ができているのです。

43ページでも書きましたが、たとえば日本語です。今大人となった私たちも世界で一番難しいといわれている日本語を、0〜3歳のときに無意識に覚え、どんどん脳に記憶させてきたことで、3歳頃には、ほぼ自由に話せるようになれたのです。

また、私たち大人に、3歳以前の記憶がないのは無意識だったからです。「三つ子の魂、百まで」、とはよくいったものです。

ですので、この時期には、子どもに様々なもの、できれば本物を見せることをおすすめします。無意識のうちにどんどん吸収していきます。

ただし、注意しなくてはいけないことがあります。それは、無意識だけに**「善悪の判断がない」**ということです。よいことも、悪いこともどんどん吸収してしまいます。なので、私ども親は、言葉遣いをはじめ、子どもを取り巻く環境に注意しなくてはいけません。

さて、この記憶の違いですが、3歳の誕生日を境に、突然、意識的記憶に取って代わるわけではありません。57ページの図のように、だんだん占める割合が変わっていくのです。3歳でちょうど半分半分くらいでしょうか。

テレビで『はじめてのおつかい』という番組を、ご覧になったことがあるでしょうか？

ちょうど、この3歳前後の子どもがおつかいに行くのですが、ママから「今日はカレーだから、お店で豚肉とじゃがいもと、にんじんを買ってきてね！」と頼まれ、最初は渋っていた子どもも、最後には「はーい！」と元気よくおつかいに出るのです。しかし、いざお店に着くと、「あれ、何だっけ？」となってしまうのは、まだ意識的記憶が十分に働いていないからなのです。コンピューターでいえば、一時的に記憶に留めておく**メモリー機能**が、まだ自分のモノになっていないのです。

3歳頃のお子さんには、お手伝いのときにも、2個、3個と複数お願いすると、一生懸命、声に出して覚えようとします。この記憶の変化を親が予習しておくことで、**楽しみながら**、わが子のメモリー機能を高めることができるのです。

それでは、この乳幼児期を前期と後期にわけてみてまいりましょう。

3歳児に起こる、記憶の変化

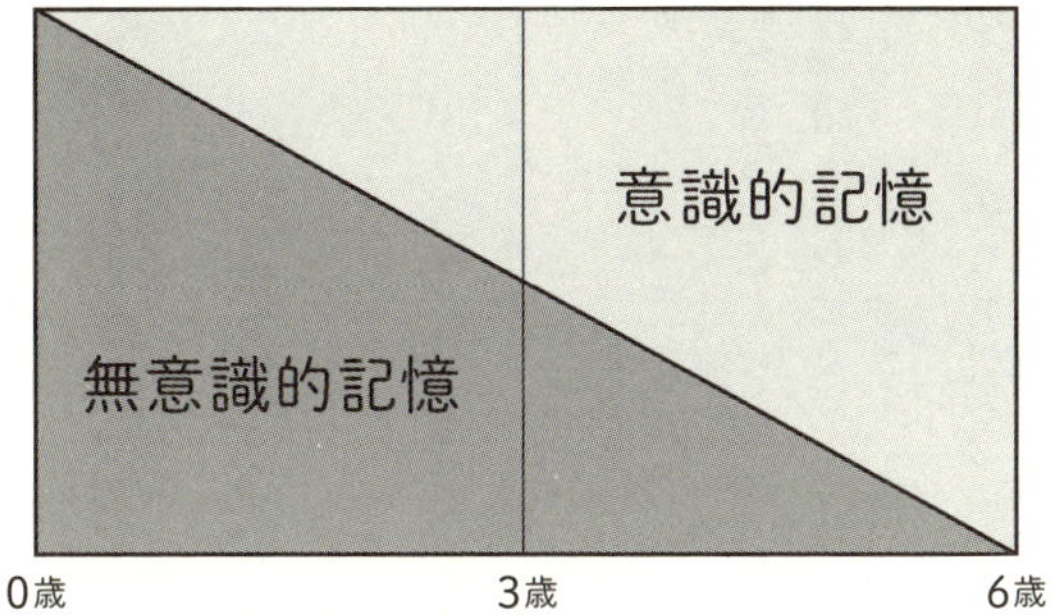

3 0〜3歳 乳幼児期前期でおさえておきたい3つの予習ポイント

それでは、0〜3歳の乳幼児期前期の予習ポイントをみていきましょう。ポイントはわずかに3つだけです。

その①歩くこと
その②手指を使うこと
その③母国語を聞かせること

人間の進化は、立ち上がり、歩くことから始まっています。そして、直立二足歩行ができるようになることで、さらなる進化を遂げるのです、それは、手指(てゆび)を自由に使えるようになったことです。そして、直立したことにより、本来まっすぐだった食べ物を通る道が直角に折れ曲がり広がって、咽頭腔（いんとうこう）というふくらんだスペースができ、その結果、自由に言語を発することができるようになったのです。

歩き、手指を使い、言語を発すること、この進化の過程をなぞるように、充実して過ごさせることこそが、0〜3歳の予習ポイントなのです。

その①歩くこと

0歳から始まる運動の敏感期にある子どもは、ハイハイ、つかまり立ち、歩くという段階を経て目まぐるしく成長していきます。

しかし、ここで注意しなくてはいけないのは、早く歩けばよいというわけではないことです。

「這（は）えば立て、立てば歩めの親心」といいますから、お気持ちはよくわかります。しかし、モンテッソーリはこう言っています。

「新しい段階へと順調に入っていけるかどうかは、その前の段階をいかに充実して終了してきたかにかかっています」。

スモールステップスを大切にして、段階を飛ばさない。

上手に歩けるようになるためには、その前にたくさんハイハイをしなさいということです。そして、歩く敏感期、すなわち歩くのが楽しくてしようがない時期にたくさん歩かせるのです。歩く敏感期が終わってしまうと、歩いてもドーパミンが出なくなるのです。

昔は乳母車（うばぐるま）しかなかったので、立ったら歩かせるのが普通でした。ところが、今はとても性能のいいベビーカーがあります。「これなら、6歳までいけますよ」なんて自慢するパパもいるくらいです。

しかし、歩くことに敏感になっていて、歩くことに喜びを覚えている子をベビーカーにしばりつけていたら、どうなるでしょうか。

運動の敏感期が終わりを迎え、歩くのがかったるくてしようがない子どもができ上がります。その境が小学1年生頃なのです。

この年齢になると、意識的記憶だけになり、私たちと同じように効率、労力を優先して考えるようになり、歩かなくなるのです。

私のサロンは6階にあるので、皆、いらっしゃるときはエレベーターで上がってくるのですが、帰りにはほとんどの子どもが「階段で帰りたい」と言い出します。親は困り顔（笑）。「今日は風が強いから」とか、「下でパパが待っているから」とか、何とかなだめすかし、エレベーターで帰ろうとするのですが、子どもはなかなかいうことを聞こうとしません。

私たち大人は、どの移動手段が早いか、疲れないか、安全か、効率がよいかと意識的に考え、選ぶのに対して、この時期の子どもは、

「歩くために、歩いている」のです。

人間が全力を出して惜しまないのは、一生に一度。この「運動の敏感期」だけです。

歩くのが苦痛になってから強制的に歩かせるのと、歩くのが楽しく、快感を覚えると

きに自発的に歩いてもらうのと、どちらがラクですか？　圧倒的に0〜6歳の敏感期を活用するほうですよね。

そして、もう一つ、歩くことはわが子に素敵な副産物をもたらします。人間は立てたことで両手が自由になり、両手が自由になったことで手が発達し、手が発達することによって脳が発達したのです。

脳が発達したから手指が自由に動かせるようになったのだと勘違いしている人が多くいますが、それは逆です。

わが子の頭をよくする最適な道は、たくさん歩き、体幹を強くして、しっかり立つことによって、手指を自由に動かせるようになり、脳が発達する！　このプロセスをしっかり踏むことなのです。

「敏感期」は一生取り戻せない、素敵で重要な時期。**早期教育で知識を詰めこむなんて大間違い。たくさん歩くことがポイントだったのですね。**

その②手指を使うこと

それまですべての指で物をつかんでいた子どもが親指、人差し指、中指の3本指を使ってつまめるようになることは、脳の発達を考える上で大変重要な成長です。3本指でつまむ動作は、脳を刺激するからです。

65ページの図をご覧ください。子どもの脳は神経細胞が成長して神経回路（神経のネットワーク）が密になってくると、脳の中で伝わる伝達効率が高くなり、いわゆる「いい頭」になっていきます。

神経細胞はシナプスを介して結びつき、複雑な神経回路を形成していきますが、図からもわかるように、5歳頃まではシナプス密度は急速に増加し、7歳頃までにピークを迎え、10歳前後から減少し始めるのです（これは、まさに敏感期と一致しています！）。

脳への刺激入力の多いシナプスは強化され、少ないシナプスは衰弱していきます。

よってシナプス密度が増加している時期に脳にたくさんの刺激を与えることが大切になるのです。

では、どのようなときに、子どもの神経細胞は最も活性化しているのでしょうか。

それは、**目と手が連動して動いているとき**です。**「3本の指は突出した脳である」**とモンテッソーリが言っているくらい、3本指を使うことは脳を刺激します。ですから、もし頭のいい子を育てたかったら手指をたくさん使わせなさい、ということなのです。

巻頭①のピンセットを使っている女の子をもう一度見てみましょう。

そして、彼女の目に注目してください。いい目をしていますよね？

いったい彼女の頭の中で何が起きているのでしょうか？

「アッ、ここに黒い豆がある！」

「これをピンセットでつまんでみようか」

神経細胞とシナプス

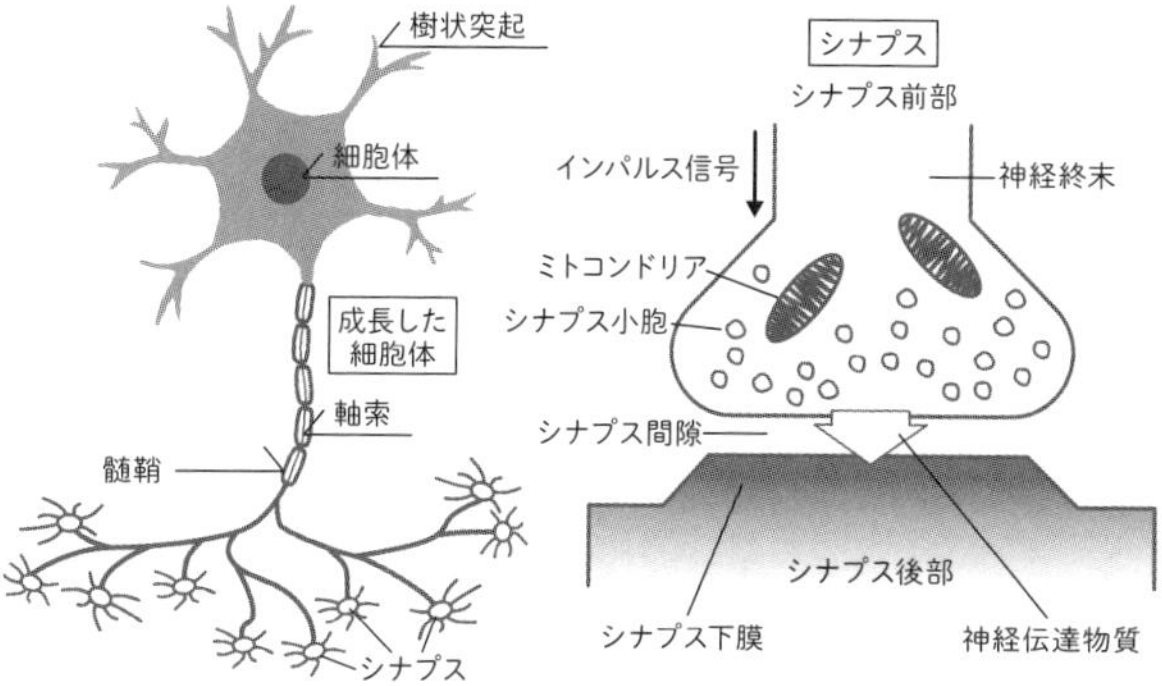

前頭連合野のシナプス密度の発達変化

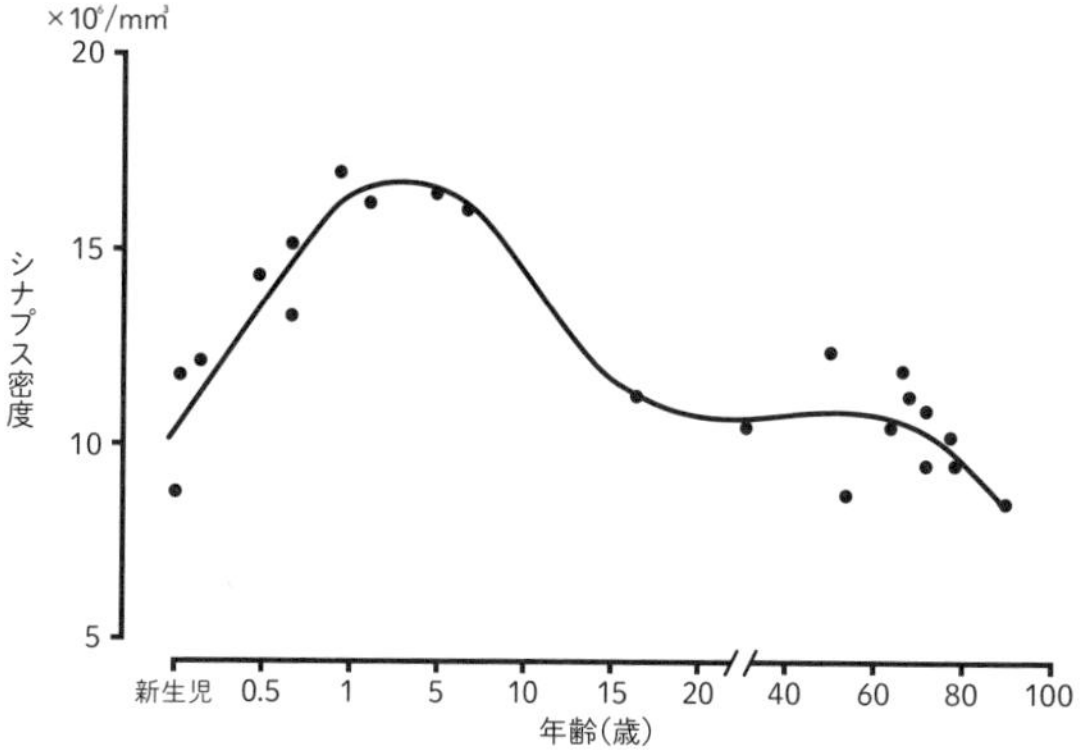

ピーター・ハッテンロッカー／「人間の前頭連合野におけるシナプス密度の発展的変化」

「指をこうやって動かしてみよう」

と、お仕事をしている間、目で見た情報が電気信号としてシナプスを通り、茎のように長く伸びた神経線維を通ります。

こうして何百万回と多くの電気信号を通した神経細胞はより太く、髄鞘（ずいしょう）（神経細胞を覆っている鞘）によって保護されることにより、伝達効率が高くなり、電気信号漏れを起こさなくなるのです。

私たちがわが子に望む、**いい頭の正体はこれだった**のです。

たくさん歩き、しっかり立てるようになり、手指を使うことで、子どもの脳にはこんなに素敵なことが起きるのです。

その③母国語を聞かせること

ご両親の母国語が日本人であれば日本語を、ママかパパの母国語が英語であれば英語を、というように、私たちは置かれた環境によって必要とする言語を自然に習得しています。これを可能にしているのが、0〜3歳の**無意識的記憶**なのです。

中学に入って初めて英語を学んだときのように、大変な思いで勉強して習得するのではなく、どの子もいつの間にかその言語を話せるようになっていきます。

その立役者が、「**言語の敏感期**」です。お母さんのお腹の中にいるときから始まり、6歳くらいに消えていく、言語に特別敏感になる時期です。

0〜3歳までは無意識的記憶で、目で見たもの、耳で聞いた情報を、どんどん無造作にバケツの中にためていくような感じです。

言語の習得は、「**絶対音感**」の習得と似ています。絶対音感は、聴覚が発達する0～6歳まで（聴覚の敏感期）に適切な訓練をつけなければ、一生身につけることはできないといわれていますが、言語も同じことがいえるのです。

「どうせまだ何もわからないのだから、話しかけてもしようがない」と、何も話しかけないという親御さんもいます。

一方、言語の敏感期があることを予習して、「この時期は、無意識的記憶で、何でも吸収できるのだから、どんどん語りかけよう」という親御さんもいます。前者と後者とでは、子どもの語彙(ごい)力は大きく差がついてしまうのです。

ぜひとも、きれいな言葉のシャワーをたくさんあびせてください。そしてもう一つ、ぜひ本物をたくさん見せてあげてください。

動物の場合でも、本物を見せるのと、キャラクター化された絵を見せるのとでは、子どもの感受性への働きかけが天と地ほども違います。

毛がフサフサしているとか、匂いがキツイとか、本物の動物に出合えば、様々な感覚が刺激されるのです。

よく、「うちの子、なかなかしゃべらないんです……」という親御さんがいます。こんなとき、私は「今はバケツにためこんでいるんですよ。お宅のお子さんのバケツは大きいんじゃないですか？　もっともっと入れてあげてください。そうすれば、おのずとバケツから溢れてきて、言語の爆発期を迎えますよ！」と答えています。

お子さんに話しかけるときに大事なことは、はっきりと正確に、そしてゆっくり、**口元を見せながら**、丁寧に語りかけることです。絵本の読み聞かせもおすすめです。子どもは真似をするのが得意ですので、親が話す、その口の動きを見て、正確な発語を覚えていくからです。

ただし、この時期の子どもの声帯はまだ発達しておらず、口のまわりの筋肉も発達していないので、うまく発語できないことがよくあります。

たとえば、「**いす**」**が**「**いしゅ**」になってしまうようなケースです。その場合は、訂正を強制すると楽しく発語しなくなってしまいます。「いしゅ」と言ったら、**「そうだね。『いす』だね！」**と、口元をしっかり見せてあげましょう。

❄ 言語の定着に有効な三段階練習

言語を定着させる場合、「りんご」「ぶどう」と、一つずつ見せ、語りかけます。これで、見たものと名前が子どもの頭にどんどん入っていきます。

これはいずれ、子どもの中で、物と名前が一致する時期を迎えるための準備段階といえます。

ここで大人がやりがちなのが、すぐにアウトプットを求めることです。ついつい、「これなーに？」などと聞いて、覚えたかどうか、**子どもを試してしまう**のです。

そして答えられないと、「りんごだって言ってるでしょ。りんご、りんご、りんご」。これでは子どももうんざりしてしまいますよね。

73ページの図をご覧ください。一番上の小さい三角の部分が、私ども大人が「話せる」という部分です。つまり、物と名前が一致していて、かつ発語できる第三段階を意味するのです。

しかし、子どもにとってはこの図が示すようにトップのほんのわずかに過ぎません。図の一番下にある第一段階、**「見たことがある、でも名前は知らない」**、この部分が一番大きいのです。

そして、この点に大人は一番気づきにくいのですが、第二段階の**「見たことがある。そして名前も知っている。でも発語できない」**、この部分が子どもはとても大きいのです。

ではどうすればスムーズに言語を定着させられるかというと、**「りんごはどーれ？」**と聞くのです。

子どもはすかさず、りんごのほうを指差します。発語できなくても、りんごだとわかっているからです。**「りんごをちょうだい」**と言ってもいいですね。りんごを手にとって、「はい」と渡してくれるでしょう。

これが、子どものプライドを傷つけず、言語能力を高める方法です。

焦らずゆっくりとやりとりをしていって、そろそろ大丈夫かなと思ったら、そこで

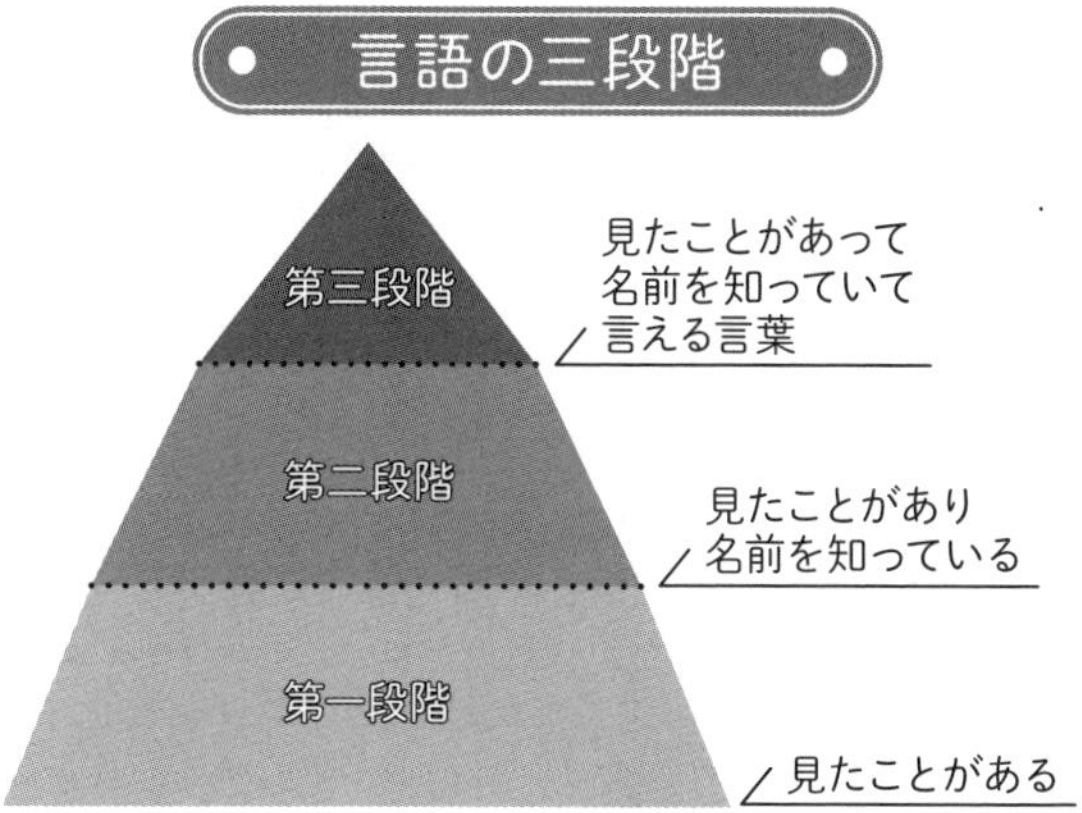

初めて「これなーに？」と聞いてみましょう。

「りんご」と答えられたら、子どもはとても嬉しいはずです。

言語には三段階があることを知り、すぐに「これなーに？」と子どもを試さない。これも大事な予習ポイントです。

❇ワンワン、ニャンニャンはいつまで？

子どもの月齢にしては成長がゆっくりだなと感じる場合は、家庭での子どもに対する接し方が幼いことがほとんどです。特にパパ！。子どもと接する頻度が低いので、いつまでも赤ちゃん扱いしてしまうのです。

言語をしゃべり出す初期段階で、子どもはワンワン、ニャンニャンなどの「幼児語」を話します。これが、とても愛らしく、親として幸せを感じる瞬間なのですが、いつまでもこれに合わせていると、わが子の発音・発声機能が訓練されないだけでなく、知的発達も遅くなります。

3歳程度になって、「パパ（ママ）、ブーブ、きた」と言ったら、**「そうだね、車がきたね」**と言い直してあげましょう。

子どもの成長に合わせて、親もシフトチェンジをしていくことが大切です。

❇バイリンガルにさせたい！　英語はどうすればいいの？

今の時代、母国語だけでなく、英語も重要です。では、英語はどうすれば話せるようになるのでしょうか？　これも最近特に増えてきたご質問です。

これは「言語の敏感期」と「聴覚の敏感期」が関わってきます。どちらも6歳くらいには消えてしまうので、英語をマスターさせたければ、それまでにネイティブの英語を聞かせることが有効となります。

その時期を過ぎると、母国語以外をノイズとして排除する機能が、備わってしまうからです。

海外に行き、言語がわからない国を歩いていると、突然、「あっ、わかる。聞こえる」。よく聴いたら日本語だった、ということがあります。母国語が浮き立って聞こえ、他は雑音になってしまっているのです。

その機能がついてしまってから外国語を学ぶのは、とても大変。英語のLとRの発音の違いも、この時期に聞いていないと、後からでは判別が難しくなります。

お子さんをバイリンガルに育てようと思ったら、やはり0～6歳までの間に習得する必要があるということになりますが、日本語と英語を並行して頭に入れることはいいことだけではありません。しっかりとした母国語の土台がないと、いわゆる「チャンポン」になるので、**日本語の習得が30％程度遅くなる**、という弊害も、覚悟しておかなくてはいけません。

また、この時期は子どもにとっては母国語を話したい敏感期。日本語をしゃべりたくて、しゃべりたくて、たまらない時期なのです。ですから、英語しか話せない環境に身を置かれると強く反抗することがよくあり、面倒になって、英語どころか日本語もしゃべらなくなってしまう子どもすら出てきます。日本語も英語も中途半端な「セミリンガル」に育ててはいけません。

そこで私が提唱する、おすすめ案としては、0歳から、**1日15分**でよいので、ネイティブの英語を聞かせるということです。歌でもかまいません。できれば**決まった時**

間がいいと思います。

ＤＶＤよりＣＤなど、音声だけのほうが耳に神経が集中するのでよいでしょう。このときには決して欲張らないこと！　聴覚の敏感期だから、**耳が育っているということだけを信じて、アウトプットは求めないでください。**

「ああ、聞いているんだな」くらいに思って流すことです。無意識的記憶が必ず吸収してくれています。

そして４歳以降になって、「うちの子の日本語も、どうやら文法が安定してきた」と思えるようになったら、英語の勉強をスタートさせ、アウトプットを求めていきましょう。

もし、英語だけの幼稚園や保育園に通わせるのであれば、英語は幼稚園や保育園に任せ、家ではたくさんの日本語を読み聞かせ、語りかける努力を意識的にしましょう。**「英語を教える情熱の１・５倍で、日本語も語りかけてください」**。そうすれば、両方の言語をマスターしていけるのが、この時期の子どもの素晴らしい能力なのです。

4 一番わかりづらい「秩序の敏感期」

0〜4歳

私のサロンにいつもはママと通ってくる2歳半の子が、ある日パパと一緒にやってきました。ようやく到着したと思ったら、ビルの入り口で大泣き！　パパはオロオロするばかり。このようなことはよく起こります。

その子が大泣きした理由は、パパがインターホンを押してしまったからです。

親にとっては「そんなことで？」と思うかもしれませんが、おそらく、この子の心の中は、「いつも私が押しているのに、パパがピンポン押しちゃったぁ〜」と、「いつもの秩序が乱された」ということに対して、悲しくて怒りが収まらないといったところでしょうか。これが「秩序の敏感期」なのです。

私は帰ろうとしたパパを引き止めて、「いつものピンポンをやらせてあげてください」と言いました。その子はピンポンを押したとたん、ケロッとしてサロンに向かったのですが、パパは納得いかない様子。でも、**「秩序の敏感期」**を予習すれば、子どものこうした行動にも納得していただけると思います。

子どもは、何もわからずこの世に生まれてきます。そのため、世の中の仕組み、場所、順番などを「秩序づけて」理解していくのです。

そのために、**いつものやり方、いつもの場所、いつもの順序などに強くこだわるのが「秩序の敏感期」**です。これは、生まれてからすぐに始まりますが、２歳半～３歳くらいがピーク。親にとっては、一番理解しがたい、厄介な現象です。

なぜそんなにこだわるのか？　それは、自分が記憶したルールと違う状態であることが不快でたまらないからです。

それは、私たちが意識的記憶で物事を覚えるのに対して、３歳くらいまでは、無意識的記憶で覚えているからなのです。

あたかもカメラで撮るがごとく、全体を脳に焼きつけてしまうのですから、昨日は右にあったものが、今日は左にあるだけで大事件なのです。やっと確立したばかりの秩序を壊されることは、子どもにとって大変不快で、たちまち不機嫌になってしまうのです。

私も経験があります。お友達のママが買い物に行っている間だけ、2歳半の女の子を、その子の家で預かったのですが、おむつにウンチをしてしまいました。

私はサッサとお尻をキレイにして新しい紙おむつに替え、ウンチの入ったおむつをまるめてキッチンのゴミ箱に捨てて戻ってきたところ、その子が烈火（れっか）のごとく泣いていたのです。便器を叩きながら、赤オニのような顔をして泣いて取り付く島もありません。

「ひょっとしたら、これは秩序の敏感期かな」と思い、捨てた紙おむつを拾ってきました。これだ、これだと指差すので、おむつを開くと、ここに入れろと便器を指します。ウンチを便器にコロンと流した途端に、その子は「バイバイ!」。これで、すっかり機嫌がよくなりました。

秩序の敏感期ということを予習して、知っていたからこそ助かったエピソードだと思います。

先ほどのインターホンの話もそうですが、ママは毎日子どもと一緒にいるから、そうした子ども特有の癖や、こだわりを知っているケースが多いのですが、たまに預けられたパパや祖父母などはそのことを知らずオロオロすることも……。

子どもを預けるときは、その子がこだわっている秩序について申し送りしておくこと、とても大切なポイントといえるでしょう。

この「秩序の敏感期」においてぜひ知っておいていただきたい予習キーワードは**「順序」「習慣」「場所」**の3つです。これを知っておくだけでずいぶんと楽になるはずです。

❊予習キーワード①「順序」への強いこだわり

たとえば、毎日の着替えなどの順番に、強いこだわりを見せる子どもが多くいます。

最初は靴下から。それも右の足から。左から履かせようとすると、もう不機嫌です。運動の敏感期も到来していますので、「自分でやりたい」という強いこだわりも加わり、よけい厄介になってきます。

「どっちでも、いいじゃない」、これが大人の言い分です。
「自分で身につけた、ちゃんとした順番があるんだ！　どっちでもよくないんだ」、これが子どもの言い分です。

では、どうすればよいのでしょうか？　ひと呼吸置いて、わが子を見てみましょう。子どもは自分で次のステップに向かっているはずです。しかし、そのスピードは大人のものより、はるかにゆっくりしたスピードなのです。彼らは、自分の順番で、自分の力で、右足から靴下を履けたことに、とても満足を感じているのです。

子どもたちに**「急ぐ」という感覚はありません**。急がなくてはいけない理由はないのです。

では、大人側の理由で、本当に急ぐときはどうすればよいのでしょうか？

「ママがお手伝いしてもいい？」と、ひと言加えましょう。

「うん」と言えば、自分で選択したことになりますし、「嫌だ」と言いながらも、自分から少しはスピードアップしようとする気になる効果があるかもしれません。

そして、この順番に対する強いこだわりが、将来、**「自分で見通しを立てて順番を決め、段取りを取る」**、というわが子の本当の力につながっていくことを親は予習しておいてほしいのです。

❇予習キーワード②「習慣」へのこだわり

いつものお散歩のルートは、緑道の右側を歩き、壁の穴から庭に居る犬を覗(のぞ)いて、次は橋の上から魚を眺める。しかし、今日は急いでいるので近道をしようとしたら大泣き。壁から犬を見たいと道路に寝そべり、テコでも動きません。

「いつもと同じだから、今日はいいじゃない」、これが、親の言い分です。**「いつもと同じだから、絶対見たいんだ」**、これが、子どもの習慣へのこだわりなのです。

自分が身につけた習慣を通して社会を理解する、秩序の敏感期にある子どもにとっては、「いつもと同じ」がとても心地よいのです。

親としてできることは、わが子が何を習慣にしているのか、よく見ておくことです。そして、それをできる限り**尊重**することです。**予定変更は要注意**です。

また、いつもできないことは、習慣化しないように配慮することも必要かもしれません。大人の都合で、今日だけは特別ね！　などの例外は、子どもを混乱させるだけです。パパとママでは違うということのないよう、ご両親で一貫性を持たせることも、大切になってきます。

❊予習キーワード③「場所」へのこだわり

「いつも同じが心地よい」は、順序や習慣だけでなく、「場所」に対する強いこだわりとして現れます。私のサロンでも、そこにあるべき教具が別の場所にあったり、新しい教具が加わっていると、すぐに気づくのは子どもたちです。

秩序の敏感期にある子どもは、前日に右にあったものが、左にあるだけで不機嫌になってしまうのです。

家庭の食卓でも、ここはパパの席、ここはママの席、と、こだわっているので、たまたま違う席に座ったり、お客様がその席に座ろうものなら大騒ぎです。

そのようなときには、「ここは○○ちゃんの席だけど、今日はお客様にどうぞしていい？」とひと言添えてみてはどうでしょうか。

注意していただきたいのは、子どもは大人の数十倍、場所などの秩序に敏感だということ。ですから、**引っ越しや、大規模な部屋の模様替えには要注意**です。心が不安定になる可能性があるのだ、ということも覚えておいてください。

Column かくれんぼに見られる、秩序の敏感期

サロンで子どもたちが、かくれんぼを楽しそうにしていました。「も〜い〜かい？」「も〜い〜よ」「わ〜見つかった」。よく見ていると、何回も同じところに隠れて、同じように見つけて喜んでいます。

「先生も混ぜてよ」と言って、子どもたちには考え及ばないようなところに隠れました。そうしたら「パパ先生（こう呼ばれています）、違うところに隠れちゃダメだよ」と、怒られてしまいました。

秩序の敏感期にある子どもたちにとっては、いつもと同じものが、いつもと同じ場所にあることが、嬉しくてたまらないようなのです。

そういえば、名作といわれる「絵本」は、必ず基本パターンの繰り返しになっています。予定調和、いつもと同じリズムが、子どもたちには喜ばれるようです。

いつも同じ
場所にかくれて
おもしろい
のかなぁ
みーつけた！
きゃ～、
こうた～い！

5 予習をしておいて、本当によかった♥——大泣きの3パターン

初めての子育ては、わからないことばかり。子どもが大泣きして手がつけられない！　なんてこともよくあります。そのようなときに、この3つを予習しておくと、本当に助かります。泣く原因がわからないときは、次の3つを疑ってみてください。

①「自分でやりたかった」大泣き
②秩序が乱れた大泣き
③イヤイヤ期からくる大泣き

それではこれらを一つずつ見ていきましょう。

①「自分でやりたかった」大泣き

子どもが大泣きするとき、まず疑ってほしい原因は、「自分でやりたかった」です。運動の敏感期にある子どもは、自分が生活していくために必要な動きを身につけ、その動きを洗練させる、いわゆる「神様からの宿題」をやっている最中なのです。それを、どのような理由であれ大人の都合で、中断させられたり、取り上げられたらどうでしょうか？　強烈な反抗をして当然ですよね！

先日も、駅の階段を一生懸命のぼっている幼児がいたのですが、きっと、急いでいたのでしょう。ママはいきなりその子をガバッと抱きあげ、「行くわよ」と言って早足でのぼり出したのです。当然、その子は落ちそうになるくらいえび反って、大声で泣き始めました。

階段を一段一段自分の力でのぼることで、ドーパミンがたくさん出ている最中に、その楽しみをいきなり取り上げられたのですから、大泣きして抵抗するのはあたりまえです。ママも忙しいのはわかりますが、**「抱っこしてもいい？」**というひと言があってもよかったかと思います。

子どもが「うん」と言ったら、自分で選択したのですから、抵抗もありません。そんな悠長なこと言っていられませんよ！　と、おっしゃるかもしれません。

しかし、その瞬間にわが子の本当の力が伸びているのです。

階段をのぼり、体幹がしっかりすることで、手指が自由に動くようになり、どんどん動かすことで、あなたのお子さんの脳が発達するのです。そう考えたら、少しはゆっくり見守れるのではないでしょうか。

そして、私の経験から申し上げますと、ここで**強い反抗をする子どもほど、あと伸びします。**

先日もあるパパが、「私が手を出すと、パン！　って手を振り払うんですよ、今からこんなに生意気で、将来が心配です」と、おっしゃっていました。

私が「将来、有望ですね」とお答えしたところ、そのパパはきょとんとしていましたが、手を振り払う、邪魔をされて大泣きして反抗するということは、それだけ自分でやりたいという思いが強いことの現れです。そういうお子さんは、新しいことにも自分からどんどんチャレンジしていきます。だから、あと伸びするのです。

ここでちょっと恐ろしいことを申し上げます。

最初は、手を振り払い、大泣きして反抗していた子どもでも、恒常的に親に対象物を取り上げられたり、集中していても中断されることを繰り返されると、最終的には反抗しない子どもができ上がってしまうのです。

いわゆる**「受け身の子ども」**の完成です。自分で選べない、集中できない、繰り返さない、取り上げられても反抗しない。こうなってしまったら問題は深刻です。

そして、そうした「受け身の子ども」は、大人側から見ると、たいへん都合のよい、**「いい子」**に見えてしまうことが危険なのです。

お受験と称される、幼稚園、小学校受験の準備にはメリットもたくさんありますので否定はいたしません。

しかし、お稽古事を含め、あまりにタイトなスケジュールで、やらされ感満載の毎日を送らせることで、受け身の子どもを作り上げないよう注意しなくてはいけません。そのためにも、私ども親は、子どもの本来の成長に対する正しい知識を予習しておく必要があるのです。

②秩序が乱れた大泣き

79ページでも説明したように、世の中のことを何も知らずに、この世に生まれた子どもは、世の中の仕組みをどんどん秩序づけて吸収していきます。そのときには、私ども大人が失ってしまった、無意識的記憶という能力を使います。写真を撮るかのごとく、一瞬にして記憶、情報を吸収してしまうすごい能力です。画像のように吸収してしまうので、場所や順番が変わってしまうととても混乱し、たちまち不愉快になってしまうのです。

この秩序の乱れによる大泣きが、一番難解といえるでしょう。ただ、「強いこだわり」を持つ子どもには、予習キーワードとしてご紹介した「順序」「習慣」「場所」へのこだわりがあることを知っておくことで、親はイライラすることなく、子はのびのびと育っていくはずです。

③イヤイヤ期からくる大泣き

何をやっても「イヤイヤ」。口で表現できなければ物を投げる、叩く。いわゆる第一次反抗期、早い子では2歳前後から始まります。

これを単なる「わがまま」と決めつけ、叱りつけていいのでしょうか？

この時期は口がきけるようになり、**自分の言い分がどこまで通用するか試している時期**と思ってください。

「もう、いい加減にして」と、感情的に怒っても何も解決しません。**言い分の交通整理だと割り切り、**「君の言い分はここまではＯＫだけど、ここから先は通らないよ！」

と毅然(きぜん)とした態度で伝えましょう。子どもはそれを通して、社会のルールを秩序づけ、覚えていくのです。

「イヤイヤ期」も**「期」**なので、始まりがあり、**必ず終わりがやってきます。**

どの子にも必ずやってきて、必ず終わりがあるのだということを知っておくと、親御さんのイライラ度が全然違います。

このように、わが子が原因不明の大泣きをしたときも、子どもを冷静に見る目を持ちましょう。そして、ここまで予習してきたことを思い出し、

①自分でしたいことを大人が取り上げてしまったのかな？

②秩序が乱れてしまったのかな？

③単なるイヤイヤ期なのかな？

と、分析できるようになれば、それだけで気持ちはグッとラクになりますよね。

Column

赤ちゃんが安心する小さなおふとん「トッポンチーノ」

赤ちゃんは「いつもと同じ」が大好き。無意識的記憶で覚えた状態の秩序が乱されるのは、とても不快なのです。パパが抱っこすると、ママとはにおいも違えば抱かれごこちも違って大泣き。パパは大ショック。それがモンテッソーリ教育に基づいて作られた、「トッポンチーノ」（巻頭②）というおくるみごと赤ちゃんを渡すとあら不思議。お母さんのにおいがついていて、ふとんのようなフワフワ感も生地の優しい肌触りもいつもと一緒。これで安心するのです。おじいちゃんやおばあちゃん、ベビーシッターさんなどに預けるときも、「トッポンチーノ」にくるんで預ければ、泣く回数が減るでしょう。秩序の敏感期をうまく活用した逸品です。

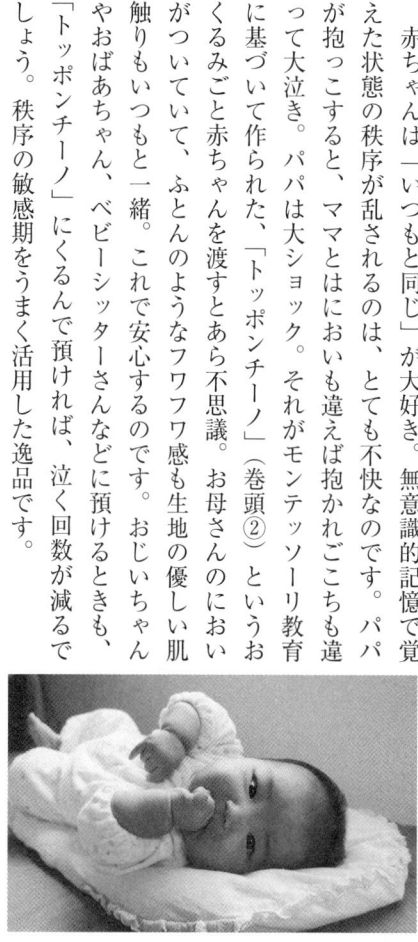

6 「ちいさいものへの敏感期」——微細なものに注視する

1〜3歳

敏感期について予習をしておくと、子どものふとした行動が、たいへん興味深いものに思えてきます。その一つに「ちいさいものへの敏感期」があります。

アリの行列をみつけると、しゃがみこんでその場から離れない子をよく見かけますよね。忙しいお母さんは、「もういいでしょ。行くわよ」と、子どもの手をグイグイ引っ張ってつれて帰ろうとします。

また、ダンゴムシを持ってきて、見せにくる子もいます。昆虫学者でもない限り、大人でこのような行動をとる人はいませんよね。

「こんなの持ってきて、気持ち悪い！」なんて、虫嫌いのママであれば叱りつけてしまうかもしれませんね。

この時期の子どもは、ちいさなものを見てみたい、**微細なものに焦点を合わせてみたい**という強い衝動にかられているのです。

胎児はママのお腹にいるときから、生まれたときのために様々な機能を働かせる練習をしています。しかし、唯一できないのが、「見る」というトレーニングです。なぜなら、お腹の中は真っ暗だからです。だから、生まれたばかりの赤ちゃんは目がほとんど見えません。見えるのは30センチくらい先のあたり、授乳をするママの顔がうっすらと見える程度です。

なので、子どもは世に生まれ出てから、一生懸命「見る」練習をするのです。そして、アリやダンゴムシといったちいさくて、細かく動くものに焦点を合わせて、くっきり見ることができたときに、子どもの頭にはドーパミンが溢れ、「できた」という思いが育つのです。

加えて、運動の敏感期にもある彼らは、ちいさなものを3本の指でつまめた！ということに喜びと自信を持ち、あんなに嬉しそうに大人に見せにくるのです。

「ちいさいものへの敏感期」は1歳過ぎから3歳前くらいまでの短い期間ですから、この時期にしかない子どもの鋭い観察力を大事にしてあげてください。

「よく見えたね」「うまくつまめたんだね」と、認めてあげましょう。そうすれば、子どもの本当の力は伸びていきます。子どもの力を伸ばせるかどうかは、親が、子どもが今何に強い興味を持っているのかを知り、それができたときにその子の力をベストタイミングで認めてあげられるかどうかにかかっているのです。

Column 生まれてすぐの視力トレーニング「ムナリ・モビール」

赤ちゃんは真っ暗なママのお腹から出てくるので、焦点を合わせることができません。モンテッソーリ教育に基づいて作られた「ムナリ・モビール」というモノクロのモビールがあります。最初のうちは白と黒しか認識できない赤ちゃんにはこれをベビーベッドの見えるところに吊るしておくとよいでしょう。赤ちゃんはこれを一生懸命見て、焦点を合わせるトレーニングができます。

動体視力がまだ育っていない赤ちゃんには、風でゆらぐくらいがちょうどいいのです。簡単に作ることができるので、ぜひ挑戦してみてくださいね。

赤ちゃんが初めて見るものが、パパ、ママの手作りモビールだなんて素敵ですよね。

7 家庭ですぐにできる！　環境の整え方

モンテッソーリ教育とは、子どもが自分の力で自分を育てる「自己教育力」を信じ、**援助すること**により、「自立」と「自律」をうながす教育でしたよね。

大人にできる**最大の援助、それは親が何でもやってあげるのではなく、子どもの成長のために〝環境〟を整える**ことなのです。環境さえ整っていれば、子どもは勝手に成長していくのです。

私どもモンテッソーリ教師には、「モンテッソーリ教師　12の心得」というものがあります。その一番はじめの項目こそが**「環境を整備しなさい」**なのです。

モンテッソーリ園は、子どもが主役になり、自由に活動できる最高の環境といえるでしょう。それを一般の家庭で完璧に再現することは不可能です。しかし、できることはあります。ここでは、普通の家庭でもできる環境の整え方をお伝えしましょう。

❄目線に注意する

大事なのはわが子の現在の成長、そしてその成長の次の段階に合わせて環境を整えてあげることです。具体的には、今、わが子は、腹ばいができるようになった。すると、次のステップ、ハイハイに移行しますから、親も一度、腹ばいになって、今の環境をチェックします。

ハイハイするのに危険なものはないか？　また、何でも、口に入れるようになりますので、誤飲の心配があるものはないか。あればそれらを排除し、ハイハイ目線のその先に、目標となるようなおもちゃを配置します。

ハイハイが始まると、次のステップは「つかまり立ち〜伝い歩き」になります。つかまり立ちしやすい高さで、かつ体重をかけても倒れない椅子や、スツールのようなものを配置します。立ち上がると目線が上がるので、今度はその高さに子どもが興味を持つようなおもちゃを置きます。そして、立ち上がり、手を伸ばすと、かなりの高さまで手が届くようになってきますので、危ないものや、絶対にさわられたくないものは、安全なところに移動させ、しっかりしまうようにします。

おもちゃは、テーマを決めて、できるだけ少なく置くことがポイントです。できれば一つの棚に、2種類のおもちゃを並べましょう。

なぜなら、どちらかを、子ども自身に選ばせたいからです。大きなバケツに山盛りのおもちゃでは、自分で選べません。

この、二つから選ばせる、ということは、子どもの〝自分で決める力〟を育てる有効な方法です。「これをしなさい」と、何でも与えられたことをこなしてきた子どもと、どちらにするか、必ず自分で決断してきた子どもとでは、その先の伸び代がまるで違ってきます。

ホームセンターなどに売っているカラーボックスを活用して、わが家にモンテッソーリのコーナーを作ることも可能です（105ページ参照）。私のサロンは、ご自宅で再現可能なようにショールームのような役割を持たせてあります。

特に、0~3歳のお部屋では、握る、つまむ、引っぱる、ねじるなどの、手指の成長を援助できるように、様々な教具を配置してあります。

❇ 自分で持てるようにする「トレイ」の活用

モンテッソーリ園では、自分で選んだお仕事の教具を、自分の机まで運びます。そこで活躍するのがお盆やトレイです。ご自宅でもぜひ、子どもサイズのマイ・トレイを準備してあげてください。お食事の配膳などを、嬉々としてやってくれるはずです。

そして、歩くことができるようになった子どもは、次はものを持って歩くことに集中するようになります。そのときにもこの「トレイ」が大活躍します。

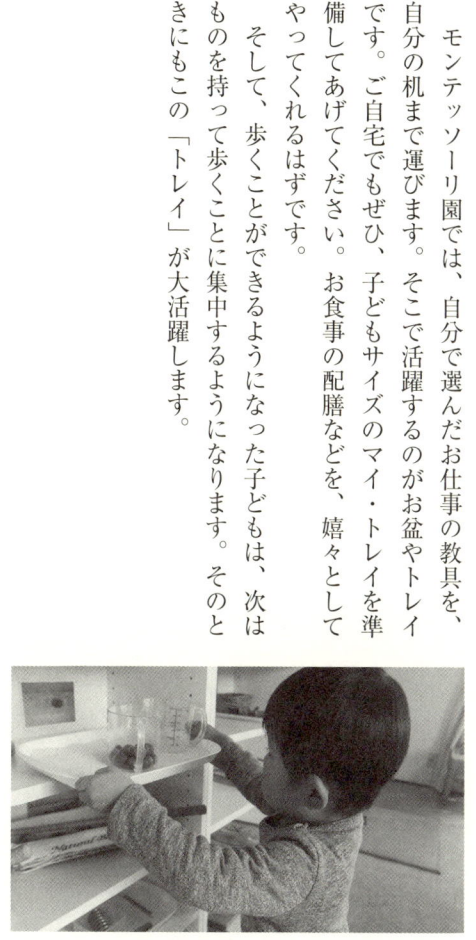

❇片づけられる環境ですか？

モンテッソーリ園では、自分でお仕事を選んで、心ゆくまで活動したら、元にあった場所に戻すまでがワンクールです。初めて体験にきた子どもでも、きちんとお片づけする姿を見て、「家ではまったくお片づけなんかしないのに」と驚かれる親御さんが多くいらっしゃいます。

そのときに、私は「ご家庭では自分で片づけられる環境にありますか？」と尋ねます。私のサロンでは、カラーボックスの奥には、そこにあった教具の写真が貼ってあるのです。ですから、サロンが初めての子どもであってもそれがどこにあったのか、迷うことはありません。

環境さえ整っていれば、「いつもある場所にないと気持ち悪い」と感じる「秩序の敏感期」にある子どもたちは、自分から進んで、楽しく、お片づけをするものなのです。

家庭でできる環境整備

▲ホームセンターのカラーボックスでOKです！

◀ふみ台を改造すれば一人でできるトイレに。

❄ 成長を遅らせる環境になっていませんか？

2歳の子を持つ親御さんが相談にみえました。

「うちの子、歩かないし、しゃべらないし、大丈夫でしょうか？」と心配していましたが、確かに発達のすべてのプロセスにおいて、どうもゆっくりな感じがしました。

そこで家庭訪問をしてみたところ、その理由はすぐにわかりました。とてもきれいな広いリビングで、チリ一つ落ちていません。そして**何もない**のです。

危ないものがすべてしまわれているのはいいことなのですが、立ち上がるのにつかまるものもないので、つかまり立ちもしづらい環境でした。そして、目線の上に子どもがほしくなるような物も何もないので、その子にとっては立ち上がる必要がないのです。

おまけに、飼っているブルドッグと一緒に楽しそうにハイハイしているのです。その姿を見て、これはいけないと思い、「おうちの中を改造しましょう」と言いました。

そして、次のように改造したのです。

まず、つかまって立ち上がるのにちょうどいい高さの棚を置きました。そして次に子どもが立ち上がって手に取りやすい位置にいろいろと物を置いてみたのです。するとどうでしょう、その子はすぐに立ち上がりました。

その子は立ち上がるのが嬉しくてたまらない時期に、立つ意欲が持てない環境だったのです。立つことが遅くなったために、手指も十分に使えず、発達全体がゆっくりになっていたのです。

気づかずに、子どもの成長を遅らせるような環境を作っているケースは多々あると思います。

子どもの成長に合った環境になっているかどうか、ぜひチェックしてみてください。

▲ふみ台があれば、ごはんも自分で。

8 最も大切な環境は大人です

そして、子どもが成長する上で最も大切な環境は、親、祖父母、教師といった、彼らを取り巻く大人です。

子どもは真似をする天才です。私たちの脳にはミラーニューロンという神経細胞がありますが、これは人の動きを鏡のように映し出す反応をするもので、他者の心を読み取ったり、真似をしたり、コミュニケーションを支える役割をしています。このミラーニューロンの力が強く働くのが3歳までの時期です。

小さな子がまるで大人が使うような言葉を使って話していたり、お母さんの口ぐせをそのまま使っていたり、そんな光景をよく目にするのではないでしょうか？

それがこの時期なのですが、この〝真似〟も無意識的記憶を使います。

しかし、無意識的記憶という素晴らしい能力には、**善悪の判断がなく、**すべてのものをそのまま吸収して、半永久的に定着させてしまうのが怖いところです。

この鏡に一番映されるのが、最も身近にいる親であったり、教師であったりするわけです。

真似をするのが、楽しくてしょうがない時期に、正しく、美しい立ち居振る舞い、言葉遣い、あいさつなどを見せてあげること。

そしてこの時期に気をつけていただきたいことが二つあります。一つは、決して教えこまないこと。

二つめは、価値観や方向性の食い違いを生まないことです。「ママはだめって言ったけれど、パパはいいって言った」などの意見の違いは子どもを混乱させます。ぜひ、ご家庭の基準というものを再チェックしておいてください。

この時期は特に子どもに見られている、真似されているという自覚をもって、子どもにとっていい影響を与える大人でいたいものですね。

9 3〜6歳 乳幼児期後期――知性の芽生え！「感覚の敏感期」

0〜3歳の乳幼児期前期には、見たもの、触れたもの、聞いたもの、味わったもの、嗅いだものなど、すべての情報を無意識的記憶という素晴らしい能力を使って、吸収してきました。

それは、いろいろな情報が、大きなバケツの中に無造作に放りこまれたような状態にあります。

3歳になると、私たち大人と同じ意識的記憶を使いながら、その莫大な情報を整理したいという、強い衝動にかられるようになります。そのときのキーワードは、

「はっきり、くっきり、すっきり理解したい」、です。

そして、それを後押しするのが**「感覚の敏感期」**です。感覚の敏感期は3歳前後から色濃く現れます。

この感覚の敏感期は次ページから説明するように三段階あり、予習をした上でこの時期の子どもを観察すると、本当に興味深く、人間というのはこうして成長していくのだな！　と感動します。

ちなみに、私はこの時期の子どもを見るのが、一番好きです。ぜひ、この貴重な時期を見逃さないでほしいと思います。

❇「感覚の敏感期」――第一段階「同一性」

3歳前後の子どもが「同じ（同一性）」にこだわり始めたら、それが「感覚の敏感期」の始まりです。

色や形、音、においを、五感をフルに活用して比較するようになるのです。しつこいくらいに「おんなじだね〜」と言ってくるので、親は応えるのが面倒くさくなってしまうかもしれませんが、子どもの知識を高める最大のチャンスです。

「おんなじだね〜」と子どもに言われたら、「そ〜だね、おんなじ黄色だね」「この花はひまわりという花で、夏に咲くんだよ。太陽の動きに合わせて動くから、ひまわりっていうんだよ」と、周辺知識も含めてどんどん語りかけてください。親子の会話を楽しみながら、子どもの語彙を一気に増やすことができます。

「おんなじ〜」は言葉で表現する子だけではありません。静かだな〜と思って見てみると、同じ大きさや色のミニカーをきれいに並べてウットリと見ている。これも「おんなじ〜」、つまり同一性に目覚めたサインです。

ママと
おなじ～
おなじ
水玉ね！

おなじ～
いつまで
やってるの
かしら…

❄「感覚の敏感期」――第二段階「比較」

「おんなじ～」ブームの次には、比較が始まります。高さ、大きさ、重さ、音程などを比較してその差にこだわるようになるのです。積み木や人形を、高さの順にきれいに並べてみたり、それぞれの手にものを持って、どちらが重いか比べたりするようになります。

このときには、その比較した差を言葉で表現することがポイントです。「だんだん高くなるね」とか、「こっちのほうが重いね」とか、様々な表現も一緒に身につけていきます。

こうした、微妙な差異に気づくことができ、それを適切な言葉で表現できることは、人生の豊かさにつながります。この差異に異常にこだわる敏感期の力を借りて、豊かな人生を送れるようにしてあげましょう。

❇「感覚の敏感期」――第三段階「分類」

同じものが比較でき、その差に気づけるようになると、最終的には**「はっきり・くっきり・すっきり分類したい」**という第三段階に入ります。

たとえば、公園などに遊びに行くと、小さいうちは子どもは何でもかんでも、ポケットに詰めこんで帰ってきます。

しかし、成長するにつれて、同一性や比較ができるようになると、ドングリしか詰めなくなったりします。そして、分類できるようになると、丸いドングリは右のポケットに、長細いドングリは左のポケットに入れるなど、分けるという行動をとることがよくあります。

またこの年代になると、何でも数えたいという**「数の敏感期」**も並行してやってきます。そんな時期には、違った種類のものを混ぜて数えさせます。

たとえば、同じ豆でも、黒豆、大豆、えんどう豆を混ぜて数えさせると、楽しそうに種類を分けて、それぞれの数を数え始めます。

とにかく、**敏感期を味方につけると、子どもは楽しく学べるだけでなく、学んだことがそのままよく身につく**のです。

このような段階を経て、「同一性を見出し、比較し、分類する」といった、私たち大人が日常生活で使っている**「考える力」**は、この時期に確立します。

こうした、子ども特有の活動を、単なるいたずら、単なるこだわりと判断してしまうのか、それとも、「わが子の知性の芽生えだ」と、興味深く見守るかで、子どもの能力はまったく変わってくるはずです。

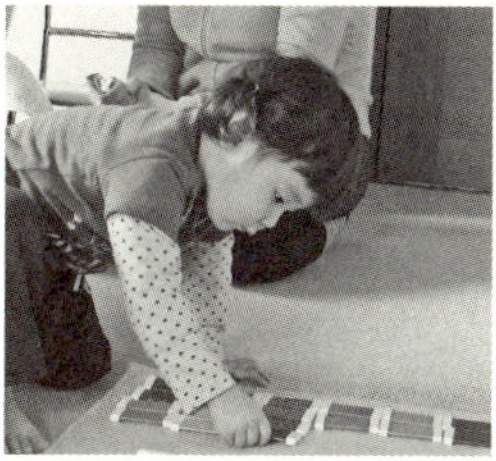

▲おんなじ〜！が大好き！

▲だんだん高くなる〜！

▲きっちり、分けたい！

❇五感を磨く

このような「感覚の敏感期」は、これから長い人生を生き抜いていくのに必要な武器となる、五感を洗練させていく時期でもあります。

「視覚」は五感の中心であり、私たち大人も、目から多くの情報を得ています。現物を見て、大きい・小さい、長い・短い、太い・細い、などの感覚を比較しながら、表現する言葉とともに身につけていきます。より多くのものを見せるようにしましょう。

「触覚」は、手や肌から直接受ける感覚です。ザラザラ・スベスベ、温かい・冷たい、重い・軽いなどをさわりながら身につけていきます。

目をあけていると、視覚情報に気をとられがちです。そのようなときには、「目をつむってさわってみようか」と提案すると、より触覚に集中することができます。

「聴覚」は、ママの胎内にいるときから育っています。そして、6歳までの耳の敏感期を経て、音を聞き分ける力が育ちます。私たち大人よりも、子どもの聴覚のほうが優れている面が多く、たとえば、子どもが「ヘリコプターだ！」と叫んでから、しばらくして、大人にはその音が聞こえてくるようなことはよくあることです。この時期に適切な訓練を受けないと、絶対音感が身につかないのは、それが聴覚の敏感期のなせる技だからなのです。

「味覚・嗅覚」も、人生を豊かにするとても大切な感覚です。食事などもできる限り、本物の良質なものにふれさせ、味わわせるなど、味覚も嗅覚も洗練させてあげたいものです。子どもが健全な食生活を送っていくための**「食育」**も、大切な親の役割です。

食で季節を感じ、花の微妙な香りで季節を感じるなどの実体験もたくさん積ませてあげてください。

10 言語の敏感期「言語の爆発期」

巻頭⑥⑦ページにあるように、0～6歳の間に様々な敏感期が現れては、消えていきます。その中で一番長い間現れているのが、67ページでも説明した「言語の敏感期」です。

0歳から耳にした様々な音や言葉を、無意識的記憶で大量にためこみ、一気に溢れ出すのが3歳前後で、これを**「言語の爆発期」**といいます。言葉にできることが、嬉しくてたまらない、そのような時期の到来です。

0～3歳で無意識的によりためこんだ膨大な印象の情報と名前を一致させようとするのが、この時期なのです。

❄第一次質問期──「これなーに？」

子：「これなーに？」
母：「りんご」
子：「これなーに？」
母：「いちごだよ」
子：「これなーに？」
母：「ごめんね、あとにして〜」

お子さんからの「これなーに？」があまりに多いと逃げ出したくなるのもわかりますが、この時期の子どもは見たものの名前がわかることが、嬉しくてたまらないのです。物と名前が一致した瞬間、快感や、やる気を起こすドーパミンが出ているのです。

また、感覚の敏感期とも重なり、「はっきり・くっきり・すっきり」知りたい、言葉にしたいという強い衝動に後押しされているのです。

毎日のように聞かれるので、本当にうんざりするかもしれませんが、これも「期」ですから、終わりがあります。この質問を通してお子さんが今、覚えれば一生忘れないビッグチャンスの到来ととらえて、丁寧につきあってください。

子どもは、今を生きています。興味があって聞いてきた、そのときが教えるチャンスなのです。言語能力を高めるのにこんなにいいときはありません。


たとえは古いですが、この時期は昔のパチンコのチューリップだと思ってください。パカッと開いているときにドンドン入れないと、閉まったら入らない。「これなーに？」と言った瞬間が入れどきなのです。

よってこのときに、名前だけでなく、いろいろな情報も入れてあげましょう。「これなーに？」と聞かれて、「カブトムシだよ」と答えるだけではなく、「カブトムシには雄と雌があってね、雄はツノが大きくて……」とか、「赤茶色に光ってるね」「さなぎのときにはこういうところにいるんだよ」「幼虫は腐葉土を食べているんだよ」などと話してあげるのです。

子どもはそのときはわからないかもしれません。しかし、その情報はちゃんとインプットされているのです。

「これなーに？」に「花だよ」と答えるだけの家庭と、「これはコスモスっていう花で、秋に咲くんだよ。秋に桜と書いてコスモスと読むんだよ」と答える家庭とでは、子どもの育ち方が全然違ってきます。いわゆる教養です。

このとき、**図鑑**などを開いて見せてあげるのもいいでしょう。「これはチューリップの花で、これが球根なんだよ」などと言って見せると、さらに世界が広がっていきます。そして、そのうち自分から図鑑を広げて調べ始めるようになります。

ｉＰａｄやスマートフォンなどの使用は、賛否両論ありますが、**子どもが興味を示したそのときに、その場で画像や動画まで、すぐに見せられる**という意味ではとても有効です。

時間に余裕があるおじいちゃん、おばあちゃんが、気長に子どもの質問につきあってあげることも、とても効果的ですね。

❄第二次質問期──「なんで、どうして?」

4~5歳になると、感覚の敏感期とともに、原理、すなわち物事の成り立ちに興味を持つようになります。それが、「なんで、どうして?」と聞き続ける第二次質問期の始まりです。

特に男の子は、自然の原理などに興味を強く持つようで、「なんで火山は噴火するの?」「なぜマグマは赤いの?」と次から次へと質問してきます。

世の中の原理原則を「はっきり・くっきり・すっきり理解したくてしかたがない」のです。

「いったいいつまで続くの?」と閉口するかもしれませんが、やはり「期」ですから、長くは続きません。わき出た興味の泉を大切にしてあげてください。

このときの、**「なんでだろう? そうかわかった」**という、この体験こそが、小学校から始まるお勉強の原動力になるのですから。

子どもの好奇心をここでどう伸ばせるか、子どもの語彙をどれだけ増やせるかを考えて、じっくりとつきあってあげてください。

しかし、全部の質問に完璧に答える必要はありません。

「ほんとだね、不思議だねー」と、疑問の種を残すことでさらなる興味を生むことになるので、ときには答えを出さないことも有効なのです。

これなぁに、
が終わったら
今度はなんで？
なんで
どうして
なんで

11 文字を書いてみたい！「書く敏感期」

3歳半〜4歳半

0〜6歳の言語の敏感期の中で、「読む」よりも「書く」ほうが先にやってくることを意外だと思われる方は多いと思います。

これは、**指を動かしたいという運動の敏感期**が「文字を書きたい」という強い衝動を後押ししているからなのです。

幼稚園に入るとまもなく、お手紙交換ブームがやってきます。

「○○ちゃんからお手紙もらっちゃった」と嬉しそうにしているわが子の手にあるお手紙には、とても文字とはいえないような、謎の記号が書かれています。そして、嬉しそうに書くお返事も、謎の記号（笑）だったりするものです。

これらの行動は、明らかに手指を動かして、文字を書いてみたい！　という強い衝動が突き動かしているという証でしょう。その衝動を活かして、文字を教えていきます。字を教えるときはゆっくり書いて見せます。

この時期は、**秩序の敏感期**でもあるので、最初に見せる**「書き順」**に注意しましょう。ここで間違った書き順を秩序化してしまうと、後で修正することが、とても困難になるからです。

また、鉛筆やペンを正しく握るには、親指、人差し指、中指の3本指がしっかり動かなくては握れません。ここまでの段階で、この3本指を使うお仕事を、たくさんしていることが、きれいな字を書くための大切なステップなのです。

12 どんどん読みたい！「読む敏感期」

4歳半〜5歳半

書く敏感期に続いて、文字を読みたくてしょうがない、読む敏感期がやってきます。「ほら、たかしの〝た〟だよ」など、自分の知っている文字に強く反応するようになります。

注意すべきことは、**敏感期がまだ到来していないのに、「早期教育」で教えこまないことです。効果がないばかりか、子どもに苦痛を与えてしまうことになりかねません。**

読む敏感期に入った子どもは、文字を覚えることが楽しくて楽しくてしようがないのです。ですから読みたい！　という衝動の強いこの時期を味方につけ、伸ばしていくことが大切です。

モンテッソーリ教育が「適時教育」といわれる理由はここにあるのです。

「適時」ということは、敏感期がきたことに、親が気づかなくてはいけない、ということになりますよね。「そんなー、自信ないんですけど……」とおっしゃるご両親がいるかもしれません。でもご安心ください。簡単な方法があります。それは、

「何でも、貼っておく」という方法です。

たとえば、**あいうえおの五十音表**や、**動物の絵と名前がたくさん書いてあるポスターなど**です。敏感期が到来していない子どもは、壁に貼ってあっても、素通りします。しかし、ある時期になると、その前に立ち止まって、知っている字を指差して拾い読みをするようになります。これがシグナルになるのです。

ひらがなの拾い読みができるようになった子どもとできる楽しいゲームがありますので、ご紹介しておきましょう。

用意するのは、いらない紙を3センチぐらいの幅に切った短冊です。ここに、子どもの目の前で、ゆっくりひらがなを書いて見せます。読む敏感期にある子どもは、興味津々です。

たとえば「いす」と、書いて読ませます。そして、「これ、どこにあるか知ってる?」と聞いて、短冊にセロテープを貼って持たせます。子どもは嬉々として貼って帰ってきます。「かべ」「れいぞうこ」など、次々に貼らせます。

家中が短冊だらけになってしまいますが、文字を読む、物の名前を覚える、お金のかからない、一石三鳥のおすすめゲームです。

◀貼っておくだけで
立ち止まります。

もののの名前を▶
読んで貼るゲーム。

✼正しいものの言い方、正しい頼み方を教える

この時期の親子の会話を聞いていると、先回りして子どもの言葉を奪ってしまっている親御さんがけっこういます。その結果、「うん」と「ううん」しか言わない子どもを作り上げてしまうので注意が必要です。

たとえば、子どもがそばに置かれたジュースを飲みたいと思ったとき、首をかしげた瞬間に、「ジュース飲みたいの？」。

親からすれば、だいたい推測はつくので、勝手に子どもの言葉を先回りして奪ってしまうのです。

そこまでいかなくても、子どもが「ジュース」と言えば、「わかった。ジュースよね」と言ってジュースをコップに注いで渡す親は多いと思います。

しかし、幼稚園の年長くらいになったら、次のように会話をレベルアップしてほしいものです。

子：「ジュース」
親：「お母さん（お父さん）は、ジュースじゃないよ」
子：（「なんだよ」という顔）
親：「なんて言うの？」
子：「ジュース飲みたい」
親：「飲みたかったらどうするの？」
子：「ついでほしい」
親：「ジュースをついでください。だよね？」

「ジュース飲みたい」と子どもはよく言いますが、「ジュースを飲みたい」の〝を〟という助詞が抜けることが多いのです。親御さんたち自身の話し言葉がそうなっている時代ですから、しかたないことかもしれませんが、言語の敏感期が到来しているときに、正しいものの言い方や正しい頼み方をきちんと見せて、聞かせてあげてください。

先回りして、子どもの言葉を奪ってしまうことが普通になってしまうと、その関係はその後の思春期になっても、ずっと続きます。

「わかったわ、あなたの言いたいことは、つまりこういうことね」

「うん」

こんな感じです。こうした関係を続けていて、お子さんがいざ人生の大切な時期になったときに、「ほら、自分の意見を言ってごらんなさい」と言われても、言えるわけがないのです。

自分の考え、気持ちをきちんと伝えられる子に育てるためには、言語の敏感期、読み・書きの敏感期に自分の言葉で伝えられるようにサポートする、それが親のすべきことなのです。

Column

新試験制度とモンテッソーリ教育

大学受験の試験制度が変わり、これからは、**「非認知スキルが問われる時代だ！」**などといわれています。

これまでは、ＩＱや偏差値、マークシート方式などで測れる＝認知できるスキルが必要とされていました。しかし、ＡＩが人間に取って代わるこれからの時代は、人間にしかできない、独創性、共感する力、主体性、根気強さ、自信といった、測れない＝**非認知のスキル**が必要な時代がくるといわれています。しかし、そうした能力は、いったいいつ、どうやれば育つのでしょう？

まさしく、０～６歳の乳幼児期に、自分で選択して、最後までやり抜く実体験と、子ども同士、生身の人間とのふれあいを通してのみ、生まれて育つものだと思います。

そうした意味で、モンテッソーリ教育は１００年以上前から続く教育法でありながら、今後、さらに重要性を増してくると実感しています。

13 数えたくてしかたがない！「数の敏感期」

4〜6歳

3〜6歳の乳幼児期後期に、何でも数えたくて、数えたくてしかたがない時期がやってきます。これが「数の敏感期」です。

4歳前後、幼稚園の年中くらいからと、比較的**遅くに始まる**のが特徴です。

子どもは、**「はっきり・くっきり・すっきり数えたい」**という強い衝動にかられるのです。

豆でも、爪ようじでも、何でも並べて数えたい。お子さんの、数字をどんどん読んでみたいという行動を見逃さないでください。

お弁当の中の豆を何回も数える子、車のナンバープレートの数字をどんどん読む子、カレンダーの中の数字を指さしては大きな声で読み上げる子……。みんな、数えるのが楽しくてしようがない、数字を言えるのが嬉しくたまらないのです。

モンテッソーリ園の年長組では、実物を動かしながら四則演算（足し算、引き算、掛け算、割り算）まで体得してきます。そのような姿は、一般的に「早期教育で詰めこみをして！」というイメージにうつるようです。

しかし、数の敏感期が到来した子どもは、喉がかわいて水を欲するように数を数えたがります。望んでいるときに適切な教育を与えて、「本当の力を伸ばす」。モンテッソーリ教育が適時教育といわれる所以はここにあるのです。

❇1000まで数えたい！

子どもたちは「大きな数」が大好きです。

幼稚園で男の子が次のように言い合う姿、「俺なんか1万個持ってるもんね～」「俺なんか、10万個だね～」。おそらく今も昔も変わらない光景です。

これは、大きな数に興味がある、大きな数に憧れる、そんな背景があるのでしょう。

モンテッソーリ教育に「1000のくさり」というお仕事があります。写真のビーズは実は1000個並んでいて、横に伸ばすと10メートル以上になります。これを彼は一気に数え始めました。途中休憩を一度はさみ、数え終わるまでに2時間半くらいかかったでしょうか? お仕事を終えたときの彼の顔は、「数えられた」という満足感と、「一人でできた!」という自信に満ちていました。その後、彼が言った言葉が今でも忘れられません。

「パパ先生、**999って本当にあったね!**」

彼は999という数字を読めますし、書くこともできますが、それが本当にあるかどうかは実体験として知らなかったのです。

そして、999個があと1個で1000個

になるという瞬間を体感したのです。

1000という数字は、小学校2年生の算数で「100より大きい数」という単元で勉強します。しかし、それは教科書の中の話で、1に0を3つ並べると1000になりますと、教えられるだけなのです。紙の上でしか数字を知らない子どもと、自らその多さ、長さを体感している子どもとでは、どちらがあと伸びするでしょうか？もちろん、後者ですね。

それであれば、小学校2年生のときに、皆でこのお仕事をしたらいいのに！　と、思われるかもしれません。しかし、誰もやりたがりません。なぜならば、数を数えたくてしょうがない数の敏感期も、手を一生懸命動かしたいという運動の敏感期も、どちらもすでに終わってしまっているからです。

いかに敏感期が大切か、おわかりいただけるのではないでしょうか。

このように感覚的に数を理解していく「お仕事」を通して、**数学的頭脳**が養われていきます。モンテッソーリ教育における数学的頭脳というのは、計算が速いとか、図形、立体に強いといった能力ではありません。

それは**「先を見通す力」**。これがこうなっているから、次はこうなるだろう、だからこういった準備をしておこうと予測する力です。これが、段取りを考え、やり方を工夫し、あきらめない力につながっていくのです。

藤井棋士は20～30手先をシミュレーションできるといいますが、まさに数学的頭脳のなせる技ですね。経営の神様といわれた松下幸之助も「将棋は駒を動かさないところにこそ意味がある」と言っています。頭の中に棋譜（きふ）を組み立てて、頭の中だけであらゆる可能性を検討して、結論を出すゲームは、経営に通じるものがあるのだと思います。

モンテッソーリ教育でいう数学的頭脳は、数のお仕事だけで養われるものではありません。たとえば、親の手伝いをしたり、料理を一緒にすることで、始める前に道具や材料を準備したり、段取りを立ててから始めることを学びます。それは、子どもの数学的頭脳をとても高める効果があります。

グーグルやフェイスブックのような次元を超えたような発想も、幼少時代に実体験を通して養われた、数学的頭脳から生まれてきたのかもしれませんね。

ただし、ご注意いただきたいのは、数の敏感期は意外と遅くにやってくるので、数を教えるのは**早過ぎないこと、教えこまないこと**。そして、紙の上で教えるのではなく、必ず様々な**実物を見せながら数える**ことが大切です。

1〜10まで数えられても、ただ暗唱しているだけで実物と結びついていないことがよくあるからです。子どもが数を数えられるのと、数を理解しているのとは、まったく別の問題なのです。

モンテッソーリ教育では、この量・実物、数字、数詞の3つが、しっかり子どもの頭の中で一致しているか、とても慎重に見極めて活動を進めます。

この時期にご家族で徹底していただきたいこと、それは**数え方をそろえること**です。「いち、に、さん」と数えていくとき、「4」は「し」ではなく「よん」と教えましょう。

ママが「よん」と言って、パパが「し」と言ってしまうと、この時期の子どもは混乱してしまうからです。

最初は「よん」と、「7」も「しち」ではなく「なな」に統一してください。年齢を言うときに、「4歳」は「よんさい」、「7歳」は「ななさい」と言いますし、10から逆に数えるときも「なな」「よん」を使うからです。

いずれはちゃんと使い分けができるようになるのですが、数を知るスタート時点では注意をして徹底してあげてください。

また、数がしっかり定着するまでは「枚、本、冊、匹、頭」などの助数詞は入れず、「犬が5いるね」と、数だけで示してあげてください。

数の三者関係の一致

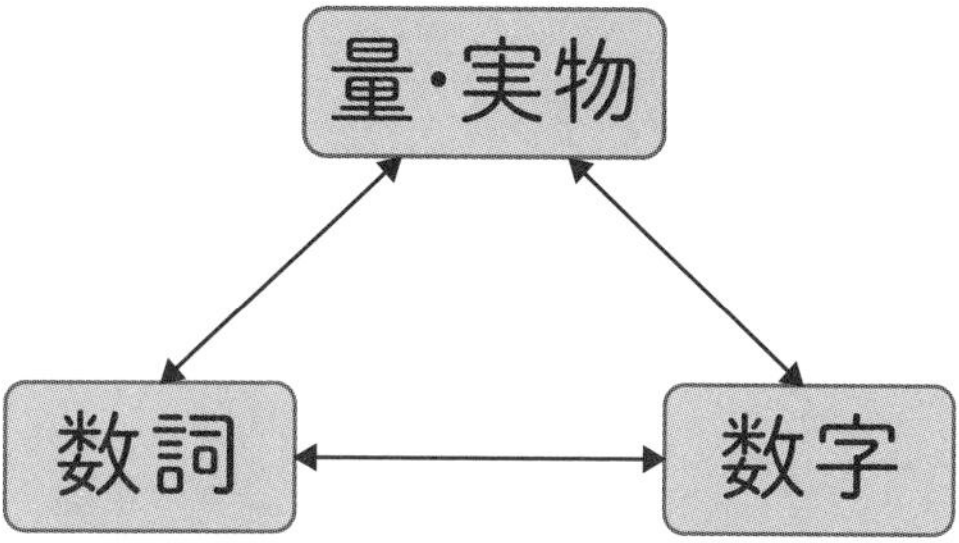

▲量と数字の一致を丁寧に。

14 文化、礼儀、社会のルールを身につける

4～6歳

子どもには、あいさつをするのが楽しくてしょうがないという時期もあります。まわりの大人の交わしている「ただいま」「おかえり」「しつれいしました」など、真似をして喜びます。これは、生まれ育った国、地域、文化、習慣に適合したいという本能からくるものです。

また、4歳、5歳になってくると、自分以外の人の気持ちを察したり、共感する力が芽生えてきます。そうして初めて、「ごめんなさい」を自発的に言えるようになるのです。

こうした、正しいあいさつを、タイミングよく言えるようにするには、見本である大人が、正しい行動を見せなくてはいけません。

外食をして店を出るときなど、「おいしかったです。また寄らせていただきます」と言える親の元であれば、おのずと子どももそう言うように育つものです。私たち親も大事な環境の一つということですね。

❇異年齢の子どもとの関わりがわが子を伸ばす

少子化の昨今では一人っ子も多く、異年齢との関わりが少なくなってきています。

モンテッソーリ園の特徴の一つに、「縦割り保育」があります。

年長・年中・年少で横に切るのが「横割り保育」なのに対して、たとえば3歳以降の年長10人、年中10人、年少10人をあわせて一クラスというのが縦割り保育です。この年代の子どもは、少し年齢が上の子どもを見て、真似して育つので、「縦割り保育」はとても有効です。

また、年長さんがお世話係となって、年少さんのお世話をしますので、子どもは3年間を通して、長男・次男・末っ子の三役を体験できるのです。

「小さい子に優しくしなさい」と、大人は簡単に言いますが、上の子から優しくされた実体験がなければ、子どもは「優しくするにはどうすればいいのかわからない」のです。

そうした意味で、縦割り保育は、モンテッソーリ園以外でも導入してほしいと思いますが、教師のスキルが高くないとクラスが成り立たないのと、年齢による体力差も大きいので危険もあります。そうした背景からなかなか広まらないのかもしれません。

ただ、たとえ縦割り保育の環境が与えられなくても、親は意識的に近所のお友達や親戚の集まりなどの場で、できる限り異年齢の子どもとふれあわせることはできます。それが、わが子の本当の力を伸ばすのだと予習しておきましょう。

15 子どもが伸びる教え方 キーワードは「3つのM」

子どもが敏感期にさしかかり、新しい活動にチャレンジしたい、でも、やり方がわからず困っているということがよくあります。

そのようなときに、子どもの能力を高める教え方があります。私どもモンテッソーリ教師はこの技法を活用しているので、ご家庭でもぜひ〝真似〟してみてください。

3つのM

「見ていてね」のM
「待っていてね」のM
「もう一度やるから見ていてね」のM

❇ その1「見ていてね」

最初の「見ていてね」は、子どもの目の前でやって見せるということです。このときの注意点は、「ゆっくりやる」「スローモーションで見せる」ということです。

子どもの視覚でものをとらえるスピードや何かを理解する速度は、大人よりはるかにスローなのです。さて、どのくらいだと思いますか?

何と**8倍**もスローになっているのです。そのため、大人がいつものスピードでやって見せても、子どもは目がついていかないのです。

私たちがDVDを8倍速で見たら、何をやっているか全然わからないでしょう。それと同じです。

動くものを的確にとらえる動体視力が育つのは6歳以降だといわれているので、それくらいまではすべてゆっくり見せるよう心がけてください。

そして、**見せるときは見せるだけに徹する**ようにしましょう。子どもはまだ、二つの機能を同時に動かすことができません。「ながら」ができないので、食事中にテレビをつけたら最後、目と意識はそちらに集中し、手は止まったままになってしまうのです。

作業や行為をしっかり見せるためには、「手を動かしているときはしゃべらない」「しゃべっているときは、手を動かさない」ことです。

子どもは耳と目と手が一緒に動かせないので、見るときは見ているだけ、聞くときは聞いているだけなのです。

❊その2「待っていてね」

さて、こうして、やっているところを見せていると、途中で子どもは手を出してきます。そのときには**「待っていてね」**と言って待たせ、最後まで見せることが大切です。やりたい気持ちをぐっと抑えさせるのです。待っている間に、子どもの心の中はやりたい気持ちでいっぱいになります（ここがとても大切で、一番難しい所です）。

これが「自分でやることを選ぶ」ことにつながりますし、待つことのできる子に育てることになります。その次に**「お待たせしました。あなたの番ですよ。やってみますか？」**とするのです。

余談ですが、最近は**「待てない子ども」**が増えてきています。昔の家庭では兄弟がたくさんいたので、待つのがあたりまえでした。大人が話しているときに割りこんだりすると、「今は大切なお話をしているのだから、待ってなさい」と叱られたものです。しかし、少子化の昨今は、一人っ子があたりまえ、へたをすると一族に孫は一人きり！　ということも珍しくありません。そうなると、**「お子様」**の字の通り、すべてが子ども中心になり、子どもを待たせるなどありえない環境になってしまったのです。

これは社会現象の一つとしてしかたがないことかもしれません。しかし、わが子の本当の力を引き出したい親御さんは、あえて「待たせる」ことを意識してください。

昔は…
大事なお話をしているから待ってなさい!
ねぇねぇ
今は…
どうしたの?
言ってごらん
ねぇねぇ
なになに?
な～に?

❇その3「もう一度やるから見ていてね」

見せて、待たせて、やっと子どもにさせるのですが、初めてのことですから、うまくいかずに失敗することが多いわけです。

そこで親がやりがちなのが、「ここはこうやって、こうやって」と親の手でやり直してしまったり、手は出さないけれど、「あー、そこ、ダメダメ」と口で修正してしまうことです。でも、それはNGです。

子どもにもプライドがあり、頭から言葉で否定されると傷つきます。また、口で言われても、なぜうまくいかなかったのか理解できないのです。では、どう教えればよいのでしょうか？

正解は、**「もう一度やるから見ていてね」**と言って、最初と同じことをやって見せるのです。決して「訂正しながら、教えない」こと。**「教えながら、教える」**のです。

特に、子どもがつまずいている箇所は、意識的にゆっくりと、やって見せることがポイントです。もう一度やって見せて、自分のやり方のどこが違うのかということを**「自分で気づかせる」**ことが重要なのです。

ぜひ、この**「3つのM」**を予習してから、わが子に教えてあげてください。きっと今までにない効果を得られるだけでなく、親子の信頼関係がどんどん深まっていくことに驚かれると思います。

16 モンテッソーリ教師に学ぶ3つの奥義

ここでは、私どもモンテッソーリ教師が子どもたちに教える際に駆使しているテクニックをお伝えしましょう。それは教師の「体の位置」と「言葉がけ」です。

①利き手側に座る

子どもに初めてのことを教えるときは、**その子の利き手側に並んで座ります。**

なぜなら、利き手側でないほうに座ると、見せなくてはならない細かい作業をしている手元が、その大人の手の甲で**ブラインドになって子どもに見えない**からです。

そして、子どもに何かを教えるときに**最悪の位置関係は「対面」**です。どうして対面がだめかというと、対面で手の動きを教えると、子どもにとってはすべて逆になるからです。5歳前後までの子どもは、反対側から考えるということができないので、必ず失敗してしまうのです。

②斜め後ろ45度

子どもが活動を始めたら、集中の邪魔をしないように、子どもの視界から消えるようにします。しかし、まだ習いたてなので、わからない部分が出てきます。そのときに、すぐにまたやり方を見せてあげられる位置、それが、子どもの斜め後ろ45度の位置なのです。

③やってみますか?

しっかりとやり方を見せた後に必ず、**「あなたもやってみますか?」**と子どもに敬意をはらって声をかけます。やるかどうかは、子どもの判断に任せ、自分で選ぶ力を育てます。

「やらない」というときもあります。そのようなときは、**「わかりました、また今度やりましょうね」**と言います。

本当にやりたくないときもあれば、何となく今日は気が向かないということもあるからです。無理にさせても意味はありません。

17 教具とおもちゃはどう違う?

モンテッソーリ園では、棚の中に整然と「**教具**」が並べられています。子どもたちはその中から自由に選択して、自分の机に持っていき、心ゆくまで「お仕事」に集中し、終えたらまた、元あった棚に戻す。これを繰り返しています。

27ページでご説明したように教具はモンテッソーリ教育の中でも大事なものですが、さて、この教具とおもちゃの違いは何なのでしょうか?

まず、おもちゃは、子どもを楽しませることを目的としているのに対して、**教具は、子どもの成長を援助することを目的にしている、**という明確な違いがあります。そして、使い方もそれぞれ教具ごとに決まっています。自由気ままに扱えるおもちゃとは一線を画すところがあるのです。

「わが家でモンテッソーリ教育を取り入れたいのですが、専用の教具を購入しなくてはいけませんか?」という質問をよく受けます。

確かに、モンテッソーリ園で使われている教具には、本物だけが持つ魅力がありま す。しかし高額であると同時に、たとえ教具があっても、その教具が子どもの成長をどう援助する目的で生まれてきたのか、どう操作するのかを親が理解していなければ宝の持ち腐れになってしまいます。

逆に、親が子どもの成長の段階の知識を身につけ、目的を吟味し、置かれたものであれば、たとえ百円ショップで購入したものであっても立派な「教具」となるのです。

特に、0～3歳までの段階では、日常の生活ができるようになるための活動が多いので、自宅にある生活道具が、教具に生まれ変わります。

子どもたちは、自分の成長の課題に対して「神様からの宿題」に一生懸命取り組みます。

息を飲んで積み木を積み上げていたり、ネジ回しで何回もネジを締めている姿は、大人から見ると、遊んでいるようにしか見えません。しかし、彼らの力はこの瞬間にどんどん伸びているのです。

「まったく、うちの子は同じ遊びばかりして」などと、嘆くご両親がいますが、実は、遊びに集中することこそが、彼らの「お仕事」なのです

❇ 道具の重要性

ご家庭で、子どもがお仕事に集中するための「**道具**」をそろえる際、注意してほしいことがあります。それは、本物を取りそろえることです。

たとえば、「ハサミで紙を切る」というお仕事は、目と手が一緒に動くことを練習するための、とても有効なお仕事です。ここで使うハサミは、本物を使いましょう。

子どもにハサミなんて危ない！　と、思われるかもしれませんが、危ないものは、

使い方や、使う場所をしっかりと教えてから使わせます。本物にしかない切れ味が、子どもの集中力を引き出すからです。道具の質が悪く、失敗ばかり繰り返していると、子どもは自信を失い、その活動が嫌いになってしまいます。神様からの宿題ができないまま、敏感期を終えてしまうかもしれません。

そんな話を有名大卒の医師に話したら、「だから僕はハサミを使うのが下手なんだ」と言い出しました。

彼は教育熱心な家で大事に育てられたのですが、ハサミのような危ないものはすべて片づけられ、小さい頃は見たこともなかったそうです。

小学校にあがって勉強はできたけれど、ハサミでものをどうしてもうまく切ることができず、図工の時間は大嫌いだったというのです。「手先がもっと器用だったら脳外科に行きたかったけどね」と笑いながらおっしゃっていました。

しかし、本物をとはいっても、サイズや重さなどには注意しなくてはいけません。いくら本物がいいから、といって、裁縫用のたちバサミを子どもに与えても、歯を開くことすらできませんし、重くて使いこなすことはできません。子どもの手の大きさに合っていて、手の成長段階にふさわしい本物を選ばなくてはいけません。

そのときに、わが子の手の成長がどの段階にあるかをよく見てください。ハサミでものを切ることを「チョキチョキ」といいますが、初めての子どもは「チョキ」の一発切りしかできません。なので薄くて柔らかい大きな紙では、必ず失敗してしまいます。ハガキのような固い紙を、幅5ミリくらいの細い短冊にして切らせてみましょう。

そうすれば必ずうまくいきます。子どもはうまくいくと繰り返します。そして、繰り返すうちにもっとうまくなります、うまくなると自信がつきます。自信がつくと次のステップにチャレンジしようとします。

このように子どもの成長に合わせて道具を用意するなど、小さな援助をすることが、モンテッソーリ教育でいう環境を整備するということなのです。

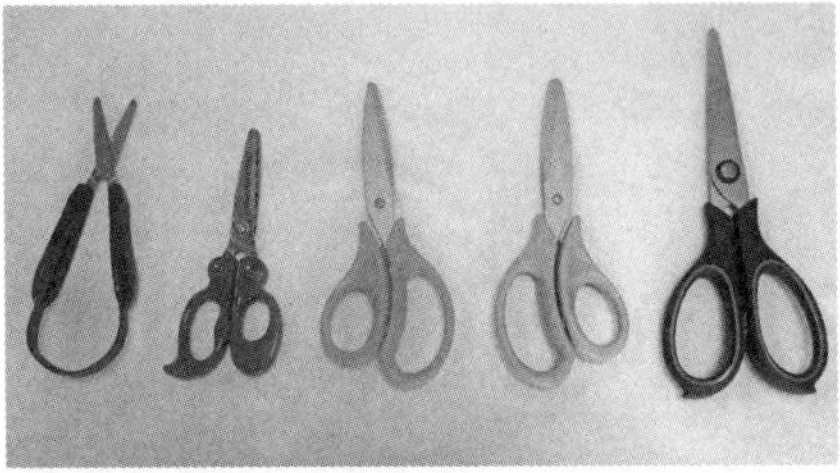

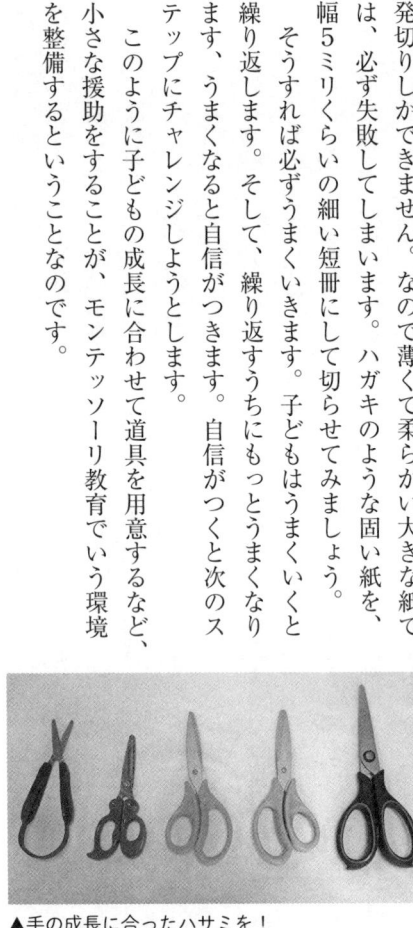

▲手の成長に合ったハサミを！

Column 左利きは矯正すべき？

「この子、左利きみたいなのですが、直したほうがいいでしょうか？」、親御さんからよく受ける質問です。この時期の子どもは、両方の手を器用に使います。

脳科学的に見ても両手を使うと刺激がたくさん与えられる、ということがわかっています。楽器が脳の発達にいいというのは、こうした理由なのかもしれません。

脳外科の医師をしているあるお父さんが、「手術のときに、両手が使えるって大事なんですよ。ただ、日常生活では右利きのほうが便利な環境が多いので、鉛筆やスプーンなどを渡すときには右手で渡すよう心がけています」と言っていました。

あなたのお子さんが、最初は右手で作業をしていても、集中し始めると左手に持ち替えるようであれば、左利きなのです。無理に矯正しようとせず、左手を使っていくほうが、豊かな人生につながっていくと思います。

18 おもちゃの正しい選び方、おもちゃには2種類あった！

おもちゃは楽しませることが目的で、モンテッソーリ教具は成長の援助という一つの目的に向かっているという点で、一線を画すものだということは前項でも述べました。

ただおもちゃも子どもの成長に大切な役割を果たすものです。ぜひ、正しい選び方を予習し、子どもの力になるおもちゃを選んであげてください。

おもちゃは大きく、**オープンエンド型とクローズドエンド型の2種類**に分けられます。オープンエンド型というのは、積み木やレゴ、人形遊びなどに代表されるように際限なくずっと続けられるもの。クローズドエンド型とは、パズルに代表されるように、ある程度やったら結論が出るもの、サイクルが完了したという状態が目的にあるものです。子どもの成長には、**どちらも必要なので、家庭ではバランスよく置いておくことが大切です。**

私のサロンには、子どもの成長に合わせて、いろいろなパズルを置いているのですが、なぜこんなにたくさんそろえているのかというと、パズルというのは、間違っていることを大人や教師に指摘されなくても、自分で気づくことができるものだから。そして自分で訂正してやり遂げ、一人でできたという達成感を得ることができるものだからです。これを**「誤りの自己訂正」**といいます。

サロンに初めてきた子どもには、適切なレベルのパズルを推測して与えます。試行錯誤して自分の力で完成させることで、「あぁ、ここでも、僕はやっていけそうだな」という小さな肯定感を持ってもらいたいからです。

一度終えたパズルをまた崩して、繰り返しやり始めたら、その子の成長レベルに合っていた証拠です。

ご家庭でも様々なパズルを用意しておくことをおすすめします。ですが、もしもレベルが難しいパズルを買ってしまったときは、ちょっと早かったな、ということで**棚の上のほうにあげておいてください。**しばらくしてから出してみると、スイスイできるようになっていることがよくあるからです。

難しいからといって、大人が一緒になってやると、一緒にやる癖がついてしまって、一人でパズルをやらなくなることがあり、逆効果になってしまいます。

子どもが自分でがんばって、何とかできるくらいのレベルのものを置いておきましょう。

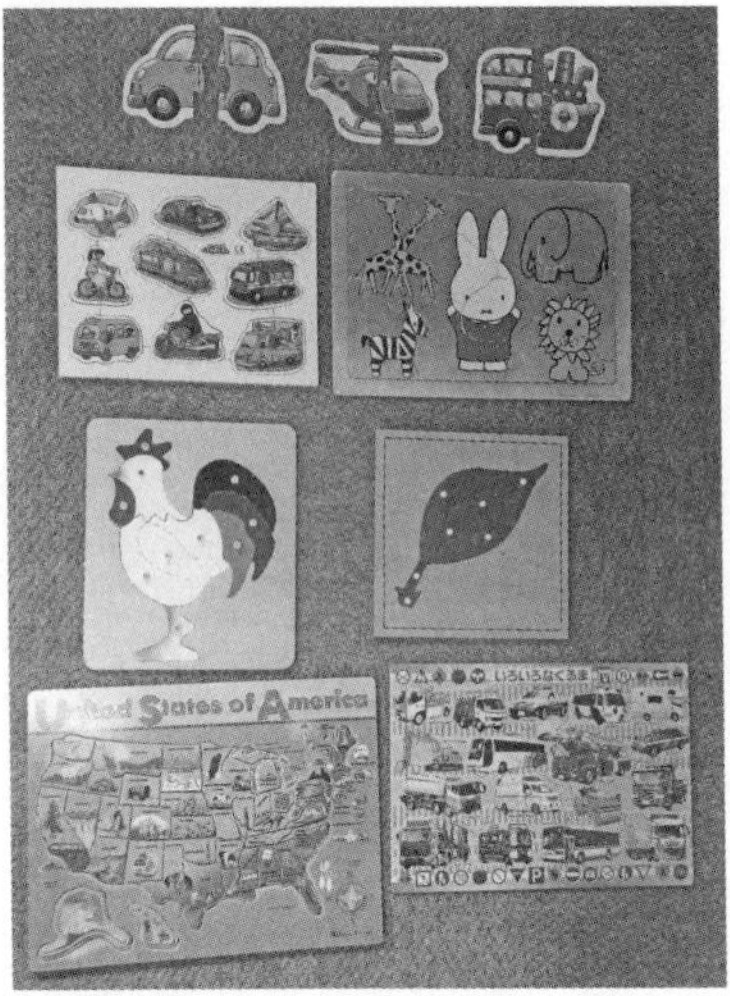

▲レベルに合わせたいろいろなパズル

❄ おもちゃも自分で選べるよう厳選する

おもちゃを自分で選ぶことも、自分で決めるという自己選択力を伸ばすことにつながります。ですから、おもちゃが箱に山盛りであったり、高いところにしまってあって、大人にお願いしなくては選べないようでは、この力は育ちません。

わが子の現在の成長を考慮して、今にぴったりのものと、次の成長にふさわしい、2種類のおもちゃを置いておくことが理想です。

季節ごとに1回程度は、おもちゃ箱の棚卸しをして、もう役目を終えた幼いおもちゃは、下の年齢のお子さまに譲るなどして、自分で選びやすい環境を作ってあげてください。

これは主観になりますが、おもちゃを与え過ぎて育った子どもは、あきっぽく、移り気のような気がします。おもちゃに遊ばれてしまい、自分で工夫して遊びを考え出すことができなくなるのです。不足気味だからこそ、子どもは楽しむために創意工夫をこらすのだと感じます。

❄ 自己選択力を養う

人間が生きていく上で、「自分で選択する力」はとても大切ですが、前述したように、それは幼少期の習慣から作られます。ですから、おもちゃだけでなく、他のものも自分で選べるように工夫してあげたいものです。

「自分でやりたくてしょうがない」「手を出すと振り払って嫌がる」という子どもには、この「自分でやりたいというパワー」を利用しながら子育てをしていくと、本当の力が伸びると同時に、ママのイライラもだいぶ解消します（笑）。

そのために、役に立つテクニックが「二者択一」です。

極力、自分で選択させるのです。そのためには、靴も、靴下も、シャツも、ズボンやスカートも数を少なくして、全部2種類でワンセットにしておくのです。そして、「今日は、どっちにする?」と選ばせていきます。これだけで自分で選ぶ習慣がつき、自己肯定感も高まります。

ポイントは、「二つに絞る」こと！　3つ以上の選択肢から「どれにする？」と選ばせることは、5歳以下の子どもには難しいことなのです。

そして、最悪なのは、大人が選択肢をまったく指示せず、「どうするの？」と問うことです。これは、小学生以下の子どもには無理な質問だということを覚えておきましょう。

❄肯定感が育つトイレトレーニング

トイレトレーニングも「適時」が大切です。オムツが外れるまでには身体的な成長が必要だからです。ではいつが適時か？

まずは「自分でトイレに歩いて行けるようになってから」、次に、「トイレの間隔が空いてから」、そして「自分からおしっこしたいと言えるようになってから」です。

この3つがそろってからスタートです。

トイレトレーニングにも、「二者択一」を取り入れると、楽しく進みますよ。まずは、自分のパンツを買いに行くことから始まります。自分のお気に入りパンツを選ばせましょう。

そして、「今日はオムツにする？　それとも、〝お兄ちゃんパンツ〟にする？」と、問いかけます。自分で選んだという自覚が生まれ、自己肯定感につながります。

Column 分解する体験

私たちの幼少時代には、壊すものがたくさんありました。古い時計、壊れたテレビ、捨てられた自転車など。いったいどうなっているのかひっくり返して、ドライバーやスパナを使って分解し、なるほどどんな構造になっているんだ！　と、納得する体験がたくさんありました。私はそうした体験があるからこそ壊れた家電や家具などは、ほとんど修理することができるようになりました。

しかし、昨今の電化製品は複雑化、極小化するあまり、分解しても構造がわかりません。「なるほど、そうだったのかー」といった、納得体験が得づらい社会になりつつあるのです。そうした視点からすると、モンテッソーリの教具はとてもシンプルで原理原則が理解できる、納得体験の宝庫です。

ご家庭でも、不要になったおもちゃや、捨ててしまうダンボール箱など、子どもに分解する機会を与えてあげると、原理原則を追求したいというお子さんの欲求を引き出せ、思わぬ力を発見することができるかもしれません。

4章

子どもは「正しい成長のサイクル」でグングン伸びる！

～強さとしなやかさ、人生を生きる力を身につけるために

1 人生に必要な二つの肯定感

私は今、全国で講演をしていますが、「先生、子育てには何が一番大切なんでしょうか?」と、よく聞かれます。私はいつも、

それは、肯定感、もっと言えば、**「自己肯定感」**と**「社会に対する肯定感」**です、とお答えしています。

自己肯定感というのは、決してうぬぼれではなく、「どんな場所、どんな状況になっても、俺は、私は、そこそこやっていけると思うヨ」といった感じの、楽観的な自信です。自分の存在を認めて、自分を好きになっているという状態です。これが備わっていると、**他人と競争したり、他人からの評価に左右されることがない**のです。

たとえ学校の成績がよい子どもでも、どんなにスポーツが得意な子どもでも、上には上がいて、いつか自分の自信が揺らぐことがあります。そんなときに、他人からの評価に関係なく、自分自身の中に「私はやっていける！」という自分を信じる心があれば、必ず乗り切って行けます。

社会に対する肯定感というのは、「世の中にはたくさんの人間がいるけれど、それほど悪い人ばっかりではないから、何か困ったことがあったら、誰かに聞けばいいヤ」といった、人間に対する楽観的な信頼感です。

私はこの二つさえあれば、人は生きていけると真剣に信じています。逆にこれが身につかなければ、いくらお金持ちになっても、いくら立派な大学を出たとしても、幸せにはなれないと思います。

若年層の自殺という悲しい結末も、自分と社会への肯定と信頼感さえあれば、必ず防げるはずなのです。

では、この大切な二つの肯定感は、いつ頃、どうやって身につくのでしょうか？

それは、間違いなく、0〜6歳の乳幼児期に土台ができ上がるといえます。

❇二つの肯定感を生む成長のサイクル

「子どもは自ら成長し、伸びる力を持っている」、その力を信じて、援助していくことがモンテッソーリ教育の土台となる部分です。子どもの本当の力が発揮されるためには、**「正しい成長のサイクル」**が必要なのです。

巻頭の⑧をごらんください。

①まず、子どもは今置かれている環境の中を**興味・関心**を持って散策する。

②そして、自分を成長させてくれる活動を自分で**選択**する。

③その活動に**集中して、繰り返す**（集中現象）。
④上達することにより、**満足感と達成感**を得る。
⑤活動の精度が上がり、生きていくのに必要な**能力を習得**する。
⑥この一連のプロセスを経て、**「自分でできた！」という自己肯定感**の芽が育つ。

そして、次の新しいことに**挑戦する心**を持って、新たな成長のサイクルが回り始めます。

正しい「成長のサイクル」はこの６つのプロセスからなっているのです。

①興味を持つ

子どもはまず、自分で興味・関心があることを探し出します。なぜなら「今自分が成長しなければいけないこと」を本能的に知っているからです。これが「神様からの宿題」でしたね。

私のサロンでも、初めてきた子どもは最初のうちはお母さんのそばにいます。ですが、ここが安全な場所だとわかると、サロン内をブラブラし**散策**し始めます。

②自己選択する

やがて、自分でお仕事を選択します。子どもの「正しい成長のサイクル」の第一段階は、「興味・関心を持って自己選択をする」ことからすべてが始まります。強制的にやらされるのではなく、自分でいかに選ぶか、決められるかがすべての始まりなのです。

これは、モンテッソーリ教育に限ったことではありません。人間の成長の源なのです。

ゴルフ界の英雄といわれたタイガー・ウッズ選手の場合、父親はタイガーにゴルフをやらせたかったのだとは思いますが、決して「やれ」とは言いませんでした。

幼いタイガーは、ガレージでパッティングゲームを楽しそうにやっている父親の姿をずっと見ていて、「僕もやりたい」と言い出します。

でも父親は「おまえはまだ小さいからダメだ」と言って、なかなかやらせてくれなかったそうです。それでも「どうしてもやりたい」と頼みこむタイガーに、「じゃあ、基礎から教えてあげよう」と言い、そこから彼のゴルフ人生が始まったのです。タイガー自らがゴルフをやることを、自分で決めたところに大きな意味があるのです。

同じことを、大リーグで活躍している野球のイチロー選手の父「チチローさん」も言っています。彼はバッティングセンターで、来る日も来る日も楽しそうにバッティングをして見せ、イチローが「頼むから僕にもやらせてほしい」と言ってくる日を待ったそうです。

世界的なプロフェッショナルとして厳しい戦いで頂点を極めるには、「ゴルフが好きだから」「野球が好きだから」という根っこがあり、さらに、誰かに言われたからではなく、「自分で選択した」という始まりがあるからこそ、さらなる高い境地を目指せるのだと思います。

③集中して繰り返す

サロンにはいろいろな教具が置いてありますが、子どもはその中から、「どうやら自分の成長に役立ちそうだ」と自分で見極め、一つの教具を手にとります。そしてそれを机に置き、「お仕事」を始めるのです。

パズルの項でもお話ししましたが、自分の成長段階に合っていないと、一回やって満足して終わります。しかし、今の自分の成長の欲求にマッチしていると、集中して何度でも繰り返します（49ページ）。

集中して繰り返す仕事をやり終えたとき、子どもはとてもいい顔をします。モンテッソーリが言った**「心の底が見えるような笑顔」**、まさにそれです。

私の一番下の娘が5歳くらいのときにも、そんなことがありました。

ある冬の日に横浜の美術館に連れて行ったところ、美術館のすぐそばに氷が張った池があったのです。

石を投げて氷を割るとパンと散るのですが、それがおもしろくて、娘はすっかりハマってしまいました。私も妻も寒くて帰りたかったのですが、娘は真剣そのもの、手を真っ赤にしてひたすら石を投げ続けていました。

「まあいいか。これも一つの集中現象かな」と思って見ていたところ、30分ほどすると満足して、自分から「もういいよ、帰る」と言いました。

そのときの娘の晴れ晴れとした笑顔を、私は一生忘れないでしょう。あのとき、途中で手を引っ張って帰っていたら、あの笑顔を見られなかっただろうと思います。

皆さんも、我慢して見守ることで、わが子のキラキラとした素敵な笑顔に出会えると思います。

④活動の精度が上がることにより、満足感と達成感を得る

子どもが集中している姿というのは大人から見ても非常に迫力があるものです。そうやって集中して繰り返していると、その「お仕事」がどんどん上手になります。こ

れによって、子どもは**満足感と達成感**を得ていきます。

⑤活動の精度が上がり、生きていくのに必要な能力を習得する

そして、身についた能力は一生ものになります。自転車の乗り方を一生忘れないのと同じです。たとえば、ハサミで切ることを繰り返すことによって切り方がうまくなったら、その子はもう一生、ハサミを上手に使えるまま生きていけるのです。

また、それが手先の器用さにつながり、思わぬ才能を発揮することにつながる可能性もあります。そう考えると、このサイクルにある時期って、素敵な期間ですよね！

⑥自己選択力と自己肯定感が育ち、挑戦する心が生まれる

「自分で選んで、自分でできた」ということが、自己肯定感につながります。

幼少期から小さな成功体験を積み重ねることで「俺ってけっこうイケてるな！」とか「私って、なかなかやるじゃない？」といった心を育てることです。

それは、始めたきっかけが親などに強制的にやらされたことでは育ちません。自分で選んだ活動を自分でやり遂げた、上手になれた、それで初めて、次の新しいことにチャレンジしようという**「挑戦する心」**がわいてくるのです。そうやって、また新たな「興味・関心」を探し始める――とつながってゆくのが、「正しい成長のサイクル」なのです。

スキルが　スキルをもたらす！
能力が　能力を育てる！
自信が　自信を生む！

このサイクルさえ回っていれば、子どもは自然に成長していくのです。

2 藤井聡太(そうた)棋士の成長の本当の秘密

公式戦29連勝で日本中の話題をさらった将棋の最年少プロ藤井聡太棋士も、「自分で決める」ところからスタートしていました。

彼の小学校の卒業文集に、「ぼくと将棋」という作文を寄せていますが、それを読むと5歳の夏に祖母が将棋盤と駒をどこかから出してきたそうです。

5歳ですから、これはまさしく「敏感期」。この敏感な時期にたまたま出合った将棋に「興味・関心」を持ち、「自らやり始めた」のです。

「駒には動かし方が書いてあったので、ぼくにもすぐ指すことができた」と書かれていますが、**誰かに教わらなくても自分で進められた**のは重要なポイントです。「自分でできた」という「達成感」につながったからです。

それから、毎日のように隣に住む祖父母と将棋を指していたそうですが、**「繰り返し」**できる状況であったことは恵まれていたといえます。

おじいちゃん、おばあちゃんは気長に孫の将棋につきあえたけれど、お父さんやお母さんでは、忙しくてそんなにじっくりつきあえなかったかもしれません（笑）。

「だが、3人とも肝心の詰め方がわからない。しばらくして祖母が近くに将棋教室があることを見つけてきてくれた」と作文は続きます。これは、子どもの、**次の段階への成長に必要な「環境」**を準備してあげられたということです。おばあちゃんは絶妙なタイミングで、孫のさらなる可能性を開く理解を準備してあげたのです。

「教室は何よりの楽しみとなり、どんどん将棋に夢中になっていった」そうで、その後、藤井棋士はメキメキと才能を伸ばし、6～7歳の頃には詰将棋の実力はプロでもかなわないほどに。そしてご存知の通り、14歳2カ月で史上最年少のプロ棋士となり、公式戦最多連勝記録を作ったのです。

母親の裕子さんが新聞の取材で語っている言葉がすべてを言い表わしています。**「好きなことを見つけて、集中してもらうために何ができるか、いつも考えていた」「何かにのめりこんでいるときは止めないようにしよう」**と、夫婦で決めたそうです。

父親の正史さんも、「いつのまにか**『何もかも好きにやらせよう』**という雰囲気になっていました」と語っておられます。

要は、**成長のサイクルがしっかりと回るように「邪魔をしなかった」**ということなのです。だからこそ、今の藤井棋士があるわけです。

「藤井君を大成させたモンテッソーリ教育というのはいったいどんな教育法なんだ？」と世間の関心も高まりました。

確かにモンテッソーリ教育を受けたことが、彼の集中力の源になっていることは間違いありません。しかし、一番大切なことは、藤井棋士を支えたご両親の子育てのスタンスにあります。**子どもの成長に対する正しい認識と、正しいサイクルがしっかり回るように見守る**という、愛情と実行力があったことなのです。

これは、たとえモンテッソーリ園に通えなくても、親が子育ての成長に対するしっかりした予習をし、子どもを見守っていけば、どのご家庭でも可能なことなのです。

❄よかれと思ってすることが、成長サイクルの邪魔をする

成長のサイクルが正常に回っていれば、子どもは自然に成長していくのですが、サイクルの流れが滞っているケースが多くありますので注意してください。それが巻頭⑧の「**間違った成長サイクル**」です。

①興味、関心を喚起するようなものがまわりに存在しない
きれいに片づけられてしまっている。逆に、あまりに雑然と置かれていて何を選択していいかわからない。

②自分で選択できない
自分で選択する権利がない。先回りして与えられた活動だけをさせられる。

③集中を邪魔される

中断される。違うものを与えられる。代わりに大人がやってしまう。

④満足感、達成感を得られない

⑤自分が生きていくのに必要な能力が習得できない

⑥自分で選択できない。自己肯定感が低く、新しいものに挑戦できない

したがって、次のサイクルに進むことができない。

一番の障害が、親やまわりの大人だということがわかりますね。それもたいてい、**よかれと思ってやっていることが結果として邪魔をしている**のです。

「危ないから片づけておこう」「こっちのほうが役に立ちそうだからやらせてみよう」「一人でやっているから、一緒にやってあげよう」「できなさそうだから、代わりにやってあげよう」といった感じです。

「はい、これをやりなさい」「次はこれですよ」と親が選択してしまうのは、もっと重症です。

この間違った成長サイクルに陥ると、何も自分で選べない人間、指示待ちの人間ができ上がってしまいます。

残念ながらこういった子どもは増えています。指示を受ければきちんとやるので、**いい子に見える**のが困った点です。

また、子どもの欲求によく気がついて、**先回りしてしまうママ**も要注意です。

子どもが何か取ろうとすると、ママが察して「これ？」「今度はこれ？」。

そうすると子どもは、「うん」と「ううん」しか言わなくなり、そのうち親の手を使うようになってきます。親の手をとって、「これをやれ」と言うのです。「クレーン現象」と呼ばれるもので、こういう子どもも増えてきています。

自分で選ばなければならない時期に自分で選ばせない、**先回りして代行してしまう**ということは、よかれと思ってやってあげていることでも、厳しい言い方ですが、**広義の意味においての虐待**ともいえるのです。

自分で選んでいないことをする場合、自分の興味と合わないこともあるので、そのことに集中できません。

自分で選択した活動ではないので、集中できないし、繰り返してやることもしない。

そのためスキルが身につかず、うまくならないので、なおさら繰り返さない。結果、不満足感がつのり、自己肯定感も育たないということになります。

たとえその活動ができるようにはなっても、人からやらされたり、人にやってもらったりするので、自己肯定感は育ちません。自分自身も興味がないので、次の段階の新しいことにも手を出しません。そうすると、成長のサイクルは回っていきません。

どうですか？　一度、家庭での大人の対応のしかたを、「成長のサイクル」に当てはめて振り返ってみてください。

将棋やって
みるかい？
駒には動かし方が書いてある！
これなら一人でできる！
おじいちゃん、
今日もやろう！
繰り返して
どんどん
うまくなる
もう、
おじいちゃんじゃ
かなわないな
教室に行って
みるかい？
次の
ステップへ
挑戦
勝った〜〜!!!

3　子どもをダメにする大人の5つの行動

私はこれまで2000組以上のご家族の個別相談に応じ、いろいろなご家庭を見てきましたが、多くの親御さんがやってしまいがちな、間違っている行動をまとめます。ぜひ、普段のお子さんとのかかわり方を振り返りながら確認してみてください。

①大人がせきたてる

子どもがゆっくりと、自分のペースでやりかけているのに、大人のペースで「速く、速く」とせかしてしまいがちです。子どものペースは大人の8倍ゆっくりだということを思い出してください。

②大人が先回りする

子どもが自分でこれから「やろう」と動き出す前に、大人が先回りしてやってしまいがちです。これを繰り返すと、自分からやらなくなり、大人がしてくれるのを待つようになってしまいます。

③大人が中断する

子どもが集中し、同じ活動を繰り返しているのに、「もう、それはいいから他の活動をしなさい」「時間だから次の活動です」と、大人が自分の都合で中断を強いたりします。これが繰り返されると、「どうせやめさせられるから」「どうせ、他のことをさせられてしまうから」ということで、一つのことに集中し、突き詰めていこうという意欲がなくなります。お稽古、塾の過密スケジュールからくる、「連れ回し」に多い傾向です。

④大人が代行する

「それはあぶないから」とか「たいへんだから」や、「あなたにはまだ無理だから」

「ママがやったほうがきれいにできるから」など、様々な理由で大人が代わりにやってしまうことを**代行**といいます。子どもは大切な敏感期に成長のチャンスを失い、自らやろうとする意欲も奪われてしまいます。

⑤大人がほったらかす

「何でもしていいよ」と言われてほったらかされ、何も教えられないと、子どもは何をしていいのかわからず、不安になってしまいます。自由を保障した上で、見守ることと、**放任**するのとではまったく次元が違うのです。

このように、大人がよかれと思ってやりがちな行動が、子どもの成長のサイクルを止めてしまう危険性があることを、よく予習しておかなくてはいけません。

大人がしがちな5つのNG！

①せきたてる

②先回り

③中断

④代行

⑤ほったらかし

4 「観察の日」を作ろう

成長のサイクルが正しく回っているかどうかをチェックするのには、「観察の日」を定期的に設けることです。

「観察の日」とは、今日１日だけは手も口も出さず、子どもを見てみよう、観察しようという日です。

じっくり観察できれば、現在の子どもの発達段階がわかり、何が障害になっているのかがよく見えてきます。

「この子は今こういうことに興味を持っているんだな」とか、「ここに邪魔するものがあるからできなかったんだな」といったことに気づきます。

親御さんは、忙しい日々の流れの中ではやはり手を出し、口を出してしまうのです。

よって、2カ月に1回でもいいので、見るだけの日を作ってください。

くれぐれも、「何か悪いことをしないかしら」なんていう目で見ないこと。観察は見張りではありません（笑）。

親が子育ての予習をしてから観察すると、効果倍増です。

「この年代の子はこういう行動を取るらしいけれど、はてはて、うちの子はどうなんだろう？」「敏感期というのは、どうやらホントみたいだ」など、新たな発見が必ずあり、お子さんを新鮮な目で見られるようになります。

5 成長のサイクルを加速させるほめ方

モンテッソーリ教師は、過剰に子どもをほめるようなことはしません。なぜなら、子どもは**自分の成長の課題を本能的に知り、自分で選択して、やり遂げたことは、自分のため**であり、なにも大人にほめられたくて活動したわけではないからです。ですから、**無条件にほめることは、子どもに対して失礼**だと考えるのです。

この姿勢は親も同じです。そもそも、子どもの自発的な興味・関心でやり始めたことなので、子どもは親からほめられることなんて期待していないのです。

「神様からの宿題」をこなしているわけですし、子どもは内心「大人は何をあんなに騒いでいるのだろう……」と思っているかもしれません。

しかし最近は、ほめる子育てが主流になっていて両親や祖父母の過剰なほめ合戦（?!）が繰り広げられています。子どもが何かをするたびに、拍手喝采、ヤンヤヤンヤの大騒ぎ。当の子どもはキョトンとしていませんか。

過剰に「ほめる」ことは、「おだてる」になってしまいます。

おだてるのは、またやってほしいという、大人側の下心があるわけです。なので、親に下心があることを敏感に感じ取った子は、おだてられなければやらなかったり、大人の見ているときにしかその活動をしなくなったり、中にはあることができたら拍手を求める子さえ出てきてしまいます。

親からほめられたいがためによく勉強する子どもは、内からわき出る意欲がないので、自主性に欠けることが多く、いったん成績が落ち始めると、歯止めが利かない傾向があります。人の評価から生まれる相対的な肯定感は、評価が下がるとともに低下してしまうからです。そのうち人の様子や顔色をうかがうようになってしまいます。

これでは、成長のサイクルの回転は加速しませんし、本当の自己肯定感も育ちません。

では、どうすればよいのでしょうか?

大切なことは「認める」ことです。

子どもは自分が成長するために、今、自分が何をすべきか知っています。それで、そのものに興味を持ち、集中します。ですから、その活動をし終えたときに、満足感に満ちた顔をするのです。

この瞬間を見逃さず、**「見ていたよ、一人でできたね!」「最後までがんばったね!」**と、認めてあげるだけでいいのです。

過剰な拍手も、歓声も不要。「あなたが自分で選んだ活動を、最後まで自分でできた。そのこと自体が素晴らしいことなんだよ」「いつでも、パパとママは君のがんばりを見ているよ」というメッセージをこめて、認める言葉を伝えてあげてください。

それは、子どもに対してではなく、**一人の人間に対して敬意をはらうこと**。

結果だけにフォーカスするのではなく、そのプロセスを、感情をこめて認めることは、「おだてる」とはまったく別の次元のことなのです。

幼少時の「一人でできた」という小さな成功体験の積み重ねが、自己肯定感を育て、また新しい活動へのチャレンジをうながします。


さらに成長サイクルの加速につながるのが、**「共感」**です。「認める」の最上級が「共感」、つまり相手の人格を認めて、その心に寄り添うのです。

「見ていたよ。一人でできたね！　嬉しいね」

「最後までがんばったね！　ママも嬉しい」

といった共感の言葉は、サイクルの次のステップに行くための潤滑油になるでしょう。

「一人でできたことがえらいことなんだ。そのことを見守ってくれる人がいて、自分のがんばりを喜んでくれる人がいる」。これが、「社会に対する肯定感」を育てる源にもなります。

認められ、共感を受けて育った子どもは、必ず共感できる大人に育ちます。そして、人の心に寄り添える人間に育ってくれるでしょう。

6 子どもを伸ばす叱り方

モンテッソーリ教育に「叱る」という概念はあまりないのですが、私は叱ることが必要な場面もあると思っています。

子どもがこの先の人生を生きていく上で、「このことだけは、どうしても伝えておかなければならない」「この行動だけは、正しておかなければならない」といった価値観を真剣に伝えることが、「叱る」ことだと思います。

叱るときには、「**厳しく**」叱りましょう。子どもはその大人の真剣さ、顔の険しさ、声の大きさを感じとることで、「これはしてはいけないことなんだな」と理解するからです。これを「**社会的参照**」といいます。まわりの大人の雰囲気を察して、社会のルールを認識していくということです。

たとえば、赤信号で飛び出したわが子を叱らなかったら、この先交通事故にあって死んでしまうかもしれません。だから、親は必死になって厳しく叱るわけです。

いつもは優しいママが形相を変えて叱る姿を見て、「赤信号では止まらなくてはいけないんだな」とわかり、そうやって秩序やルールを積み上げていくのです。

また、**「その場で叱る」**ことも大事です。子どもは今、この時を生きています。特に3歳までの子どもは、「意識的な記憶」ができないので、その場で叱らないと効果がありません。

家に帰ってきてから「○○ちゃん、さっき信号赤だったわよね」などと、後で叱っても、子どもには何のことやら、ポカンとするだけです。

子どもを叱るときは、**まず何よりもタイミング**を大切にしましょう。

そして、ダラダラと叱らず、**「短く叱る」**。これも大事なポイントです。

最近はきちんと理論立てて、さとすように叱る親が多いようです。とはいえ、それも高じると、子どもは「なんで？　なんでだめなの？」と屁理屈をこねるようになります。ときには「ダメなものはダメ！」と言うことも必要だと思います。

何度言ってもわからないときは、「根気よく叱る」ことも大切です。わが子が先々困らないために叱るのですから、あきらめたら伝わりません。


最後に、夫婦間の善悪・価値観を統一することも大切です。ママとパパが違うことを言ったら、子どもは混乱します。

夫婦は違った家庭環境で育ったわけですから、子育てに対する価値観や生活習慣でもめることは多々あると思います。

でもここは感情的にならず、わが子の人生を左右する戦略会議と割り切り、じっくり話し合って、価値観のすり合わせをしていただきたいと思います。

5章

子どもが成人するまでの親の予習

～人間はいくつになっても成長し続ける！

1 24歳まで、子どもはこうして育っていく！

さて、ここまで読まれて、0～6歳の乳幼児期が、どれほど重要かおわかりいただけたと思います。しかし、子どもはどんどん成長していきます。

本章では、その6歳以降のこともご紹介していきます。

今一度、巻頭⑤の「発達の四段階」の図を見てください。これから、子育てという長い航海に出るにあたり、この「発達の四段階」を体系的に頭に入れておくことは、子どもの進んでいく方向を決める羅針盤を持つようなものだからです。最後にもう一度、しっかりと予習しておきましょう。

❄6～12歳　児童期（小学校）――ギャングエイジにご用心

6歳から12歳はちょうど小学校の6年間にあたりますが、比較的穏やかな成長時期で、心身ともに安定しています。この時期の子どもは、膨大な記憶が可能で、かつ覚えたことを半永久的に忘れません。中学、高校で習ったことはほとんど忘れてしまったけれど、小学校で習ったことはしっかり覚えているのはそのせいなのです。

ということは、勉強するならこの時期！

パソコンにたとえれば、6歳までにハイスペックのハードディスクを作っておいて、6～12歳に膨大な情報を流しこむようなものです。これが、必勝パターンです。中学受験を含め、この児童期に大いに学ぶことは、ある意味では、その成長に見合っているといえるのです。

一方、メンタル面では小学校5、6年生の頃に「ギャングエイジ」という注意しなければならない時期に突入します。

それまでは家が近所であったり、親同士が仲がいいといった物理的な理由によって友達関係ができていたのですが、この時期からは**価値観の合う同性・同年代の友達**を集めてグループを作るようになります。

女の子は似通った嗜好(しこう)の子と一緒にいるのが楽しくなり、友達関係を一新することも多くあります。男の子も趣味や話の合うヤツ、おもしろいヤツと組むようになります。よく、自転車で商店街を走り抜けているのはだいたいこの年代ですね。

いつもグループ単位で遊び、行動するようになりますが、この集団行動をギャングにたとえて「ギャングエイジ」と名づけたわけです。

メンバーだけの秘密を持ち、結束は固く、グループ外には閉鎖的、排他的な行動をとることもあります。仲間はずし、イジメなどが始まるのはこうした背景があるのです。

映画『スタンド・バイ・ミー』がまさしくこの時期。仲間同士で秘密を持ち、共有することを大事にします。大将がいてサブがいてと、グループでは役割分担が決まってきます。そうした人間関係の中で、人生の荒波に向かうための練習をしている期間ともいえます。

女の子の場合、それまではパパのことが大好きで、家族が第一だったのに、急に「お友達が一番！」に変わってしまいます。「今まであんなにいい子だったのに……」とショックを受けるパパも多いと思いますが、これは自立、親離れの準備であり、社会に出るための予行練習と考えてください。

多かれ少なかれこの時期にあるすべての子どもに起こることです。これが自立の始まりであり、わが子も思春期の入り口に来たんだな、と覚悟する必要があります。

注意すべきは、中学受験に向けて、学習塾に通い始めるのがこの時期である、ということです。仲のいい遊び仲間から引き離して、一人だけ塾へ通わせようとすると、とても強い反抗を見せることがあります。

しかし、首都圏では逆に、仲のいい友達が学習塾に通い始めたから、私も塾に行って中学受験するんだ！　と、言い出すパターンも増えてきています。

中学受験に塾通いはつきものです。プリントの整理から送り迎え、お弁当作りまで両親の献身的なフォローがなくては成り立たないのも事実です。夜10時を過ぎて帰宅するハードスケジュールを支えていると、つい「あなたは勉強だけしていればいいのよ」などと言って、身のまわりのことすべてをしてあげてしまいます。

そうして、受験が終わったとたんに、「自分でしなさい」「少しは家の手伝いでもしたら」と言っても、それまですべてをやってもらっていたのですから無理な話なのです。忙しい塾通いの中でも、少しずつ身のまわりのことを自分でできるように習慣づけてあげてください。

❄12〜18歳 思春期（中学・高校）——変化の激しい時期

12歳から18歳の中学高校時代は「思春期」。変化のとても激しい時期です。

骨格の目覚しい成長とは裏腹に、その内面は「**生まれたて**」と称されるほど弱くてナイーブです。身体的にも女性は初潮、男性は夢精など大きな変化を迎えますし、結核などの大病をするのもこの時期です。

「子どもは年齢を重ねるにつれて、心身ともに丈夫になる」と私たち大人は考えがちですが、この時期の子どもたちはあたかも脱皮したてのカニのような危うい状態なのです。

精神は改めて自分自身を見つめ直す方向に向き、他人が自分をどう見るかということがとても気になる年代です。ですから、友達から浮くことをとても恐れます。

自分の目指す理想と現実のギャップに思い悩み、親をはじめとする権力に対する反抗にむかうエネルギーも強くなります。そのエネルギーが非行を引き起こしたり、家庭内暴力や引きこもりという形になったりして出てくるわけです。

しかし、こうした変化が子どもの中に起きていることを親が知らないと、小学生の時期と同じアプローチを試みてしまいます。それで子どもの反発にあったとき、「今まであんなにいい子だったのに」「人が変わったようだ」としか思えなくなってしまうのです。

よって、**年齢を経るごとに、親の影響力は低くなっていく**ことを肝に銘じておくべきです。それに取って代わるのは**友人**です。また、部活などの先輩や自分を理解してくれる教師、塾の先生に心を開くようになります。

この年代になると、親のコントロールが利かなくなるかもしれないことを考えると、この時期の子どもを取り巻く**環境がとても重要**だということがわかります。

そうした視点から見ると、中学受験などをして子どもに**いい影響を及ぼす環境に行くことを選ぶ**というのは、私は理にかなっていると思います。

また、この時期になりますと、個性、性格というものがはっきりしてきます。「自分の時代とずいぶん違うなぁ」と感じることも多くなってきます。

そして、親が思うような「なかなかいい子」に育たないものだと強く感じるようになります。ときにはお子さんが学校や、集団になじめないこともあると思います。

私は、これからの子どもには、集団の中で「いい子」で埋没する同調性より、集団の中で独自の発想をしたり、一人でも行動できる能力のほうが大切だと考えています。

よく「うちの子は好きなことしかやらなくて困ります」という親御さんがいます。日本の文化の中では調和を強要されますので、かたよることには悪いイメージがあります。しかし「**かたよる**」**ことは素晴らしいこと**で、何かに強烈にかたよった人物こそが、世の中を変えるような発明や活動をしているのです。

思春期は、きれいな蝶に生まれ変わる前のさなぎの時期であり、少し静かに見守ってあげることも大切だと思います。

この思春期もわが子だけでなく、みんなが通る道であり、「期」ですので、終わりがあります。

思春期のわが子が、かたより、集団から浮いてしまったときでも、「**みんなと違ってもいいじゃない。君は君のままでいいじゃないか**」と、声をかけられる親であれば、心の最後の支えになれるのではないでしょうか。

❄18～24歳　青年期（大学・社会人）――親と対等に話せる時期

18歳になると青年期がやってきます。思春期のモヤモヤが嘘のように晴れ、将来なりたい職業や、自分自身の使命に向けて学び、働く6年間を経て、人間として完成するのです。

親に対してあんなに反抗していた子どもと、対等に話し合えるようになれるのもこの時期です。

私の子どもたちも、反抗的だった中高時代が嘘のようにカラッとしていて、今では「お父さん、がんばってね」なんて言ってくれますが、激しい思春期があったからこそなのかな？　と思っています。

思春期にもがき苦しみ、その時期を過ぎることで、自らを獲得して自立し、今度は自分が社会に貢献していこうと変化するのです。

青年期はさなぎから蝶になって羽ばたく段階で、世に出ていくための大切な時期です。この時期をきちんと迎えるためには、前の段階をしっかりと充実して過ごすことが大事なのです。思春期にいい子ちゃんで、親の言いなりで通り過ぎてしまうと、この青年期になっても自立できない大人ができ上がってしまうのです。

きれいな蝶になるためには、充実したイモムシの時期や、周囲の大人が見守ることが大切な、さなぎの時期が必要なのです。

また、現代社会においては、**親が子離れできない**という問題も多くなってきていま す。子どもは潜在的に、親の期待に応えようとするものです。子どもに頼られること で、親が自分の存在価値を見出していては、子どもはいつまでも自立するタイミング を失ってしまいます。

キタキツネの母親は、適切な時期が来ると、子ギツネを恫喝(どうかつ)して、巣に居づらくして、巣立ちをうながすそうです。厳しい自然界における自立に向けてのシンプルな子育てに、私ども人間は学ばなくてはいけないのかもしれません。

2 人間の傾向性——24歳以降も生涯にわたって成長する

24歳で大人になったら、人間の成長は終わりなのでしょうか？

モンテッソーリは、ここまでお話ししてきたように、0～6歳の間に期間限定で色濃く現れる「敏感期」と、24歳までで完結する「発達の四段階」を発見しました。

しかしそれらとは別に、**人間に一生涯、継続して現れる、普遍的な性質**も発見しました。

それが、**「人間の傾向性」**です。住んでいる地域や文化、時代、年齢などに関係なく現れる「人間の普遍的な特徴」だとしています。

たとえば、子どもは初めての場所に連れてこられると、必ずそこがどこか知るために散策をして、安全な場所かどうかの確認をします。これは大人でも同じです。

初めて行く旅行先でホテルの部屋に入ったとき、あなたはどんな行動を取りますか？　多くの人は、まず部屋中を見て回り、トイレ、クローゼットなどをチェックします。そして身の安全がわかると地図を広げて、自分の現在いる位置を確認するのです。


また、大昔の原始人も身の安全を確保するために同じ行動を取っていました。これを「探求の傾向性」としたのです。

そうして探求の結果、食べ物がある場所や、危険な食べ物を発見し、言葉や文字でコミュニケーションを取ることにより、それらの情報を次の世代に伝えてきたのです。だから、私たちは安全に生活していられるのです。これは全世界で、いつの時代にも共通して人間が積み上げてきた行動です。


動物は欲求が満たされれば休みます。しかし、人間は欲求が満たされても、精神は引き続き思考を続けます。

興味がある作業に対して、もっと上手になるために、繰り返し、もっと違うやり方を模索し、技術を向上させてきました。これは、お仕事をする子どもと同じです。この**「向上する傾向性」**があればこそ、今の文化や技術が成り立っているのです。そして、「自己完成」に向けて一生涯活動を続けるのです。

先日、介護施設に入っている母親を見舞ったときに、ホールでは90歳を超えるおじいちゃん、おばあちゃんたちが、絵画や書道に真剣に取り組んでいました。そして「昨日よりうまく描けた」と満足気に笑っていらっしゃいました。その笑顔は、サロンでお仕事を終えたときの、子どもたちの笑顔とまったく同じでした。

人間は何歳になっても「向上する傾向性」があり、自己努力を続けることで自分らしい人生を切り開いていけるものなのだと感動いたしました。

おわりに――「子育ては世育て」――思いやりの心で平和な未来をつくる

人類みなが、「平和」を望んでいます。しかし、その平和とは、戦いの先にあるものなのでしょうか？　戦争がない状況を平和と呼ぶのでしょうか？

平和は、本来、人々それぞれの心の中にあるものだと思います。

心の中に「自分を思いやる心」と「人を思いやる心」がバランスよく存在し、そのような心を持つ人々が集うことこそが、本当の平和を生むのではないでしょうか。

では、そうした「自己に対する肯定感」と、「社会に対する肯定感」はいつ育つのか？　それは、間違いなく、幼少期の豊かな実体験から生まれてくるのです。

私たち大人が、子どもたちの成長を「予習」することで、子どもたちに豊かな環境を準備すれば、子どもたちは「成長のサイクル」に乗り、「本当の力」を発揮して、自ら成長していきます。そして、子どもたちは自己肯定感と社会に対する肯定感を育み、平和の礎（いしずえ）を積み上げていきます。

「子育てこそが、世を育てていく唯一の方法」なのです。

そんな思いで、マリア・モンテッソーリはこう言っています。

「母親はひざの上で、国家の運命を左右する」。

この書も、その一助になればと願っております。

藤崎達宏

本書は、本文庫のために書き下ろされたものです。

藤崎達宏（ふじさき・たつひろ）
サロン・ド・バンビーノ代表。
NPO法人　横浜子育て勉強会理事長。
日本モンテッソーリ教育研究所認定教師（0〜3歳）
国際モンテッソーリ教育協会認定教師（3〜6歳）

1962年横浜生まれ。明治大学商学部卒業後、外資系金融機関に20年勤務。その後、独立。4人の子育て経験と、モンテッソーリ教育を融合した子育てセミナーを日本全国で開催。自らのライフワークである個別相談会の参加家族は2000組を超え、常にキャンセル待ちの状態。講演活動は企業、行政機関、また学校、保育園まで幅広く、そのわかりやすく熱意あふれる話は多くの人に支持され、日本全国で人気を博している。

オフィシャルサイト
https://ameblo.jp/kosodatenet2008/

動画でわかる！　モンテッソーリTV

知的生きかた文庫

モンテッソーリ教育で子どもの本当の力を引き出す！

著　者　藤崎達宏
発行者　押鐘太陽
発行所　株式会社三笠書房
〒102-0072　東京都千代田区飯田橋3-3-1
電話03-5226-5734〈営業部〉
03-5226-5731〈編集部〉
http://www.mikasashobo.co.jp
印刷　誠宏印刷
製本　若林製本工場

ISBN978-4-8379-8500-6 C0130

アドラー心理学で「子どものやる気」を引き出す本

星 一郎

世界中で大注目、アドラー博士の〝かしこい〟指導法！

**どうほめれば、もっとやる気が出るの？
本当に響く叱り方、励まし方とは？**

アドラー心理学に基づいた子育て法の第一人者が教える、親子がわかり合うための、もっとも具体的で簡単な方法。子どもに自信をつける魔法の言葉、そしてちょっとしたきっかけでもう安心、大丈夫。子育てにもっと自信がつきます！

食生活が子どもの人生を変える

東城百合子

自然治癒力を高めて、アレルギー、病気に負けない体と心をつくる！

**何歳から始めても
遅すぎることはありません。**

妊娠中から子どもが大きくなるまで一生使え、何歳からでも始められる。「食生活」「手当て法」を自然療法の第一人者がわかりやすいイラストとともに解説。〝子ども〟の免疫力をあげるための一生使える自然療法の決定版！

C20036